DÄNEMARK NORDSEEKÜSTE

Reisen mit MARCO POLO Insider-Tipps

MARCO POLO TOP-HIGHLIGHTS

ALTSTADT RIBE ★1
Eine Zeitreise – so viele mittelalterliche Häuser, wie hier die kopfsteingepflasterten Gassen zu Füßen des Doms säumen, gibt es in Dänemark nicht noch einmal
📷 *Tipp: Besonders stimmungsvolle Motive ergeben sich am Abend in der blauen Stunde, wenn die Laternen in der Altstadt zu leuchten beginnen*

➤ S. 46, Der Süden

VADEHAVSCENTRET ★2
Das Zentrum in einem spektakulären Reetdachgebäude informiert spannend und anschaulich über die Wunder des Wattenmeers. Tolle Touren gibt's auch!

➤ S. 49, Der Süden

SØNDERHO ★3
Ein Haus ist schnuckeliger als das andere in Fanøs Vorzeigedorf
📷 *Tipp: Die buntesten Bilder schießt du im Hochsommer, wenn in den Gärten die Rosen und Stockrosen blühen*

➤ S. 53, Der Süden

BLÅVANDSHUK ★4
Hoch oben vom Leuchtturm am westlichsten Punkt Dänemarks ist die Aussicht einfach grandios

➤ S. 60, Die Mitte

TIRPITZ ★5
Mammuts und Steinzeitmenschen, Bernstein und Betonbunker, Seefahrt und Schiffbrüche: Das Museum unter den Dünen ist Westjütlands Geschichte gewidmet (Foto)

➤ S. 60, Die Mitte

NATIONALPARK THY 6

Dünenketten und steile Kliffe, Heideflächen mit stillen Seen, Wälder und Küstenplantagen – fast 250 km² abwechslungsreiche, wilde Landschaft stehen unter Naturschutz

➤ S. 80, Der Nordwesten

THORUP STRAND 7

Hier wird noch nachhaltige Küstenfischerei betrieben, mit dem Strand als „Ankerplatz" für die Fischkutter

Tipp: Die Kutter im Anschnitt von schräg unten oder in Deckshöhe ins Visier nehmen, mit dem Meer im Hintergrund

➤ S. 94, Der Nordwesten

LØNSTRUP 8

Im Dorf der Kunsthandwerker und Künstler kann man den ganzen Tag mit Shoppen, Schauen und Schlemmen verbringen

Tipp: Vom Küstenweg aus eröffnen sich spektakuläre Perspektiven auf den Strand und die Abbruchkanten des Kliffs

➤ S. 107, Der Norden

NORDSØEN OCEANARIUM 9

In Nordeuropas größtem Aquarium in Hirtshals schwimmt der urtümliche Mondfisch zusammen mit 3000 anderen Fischen in einem gigantischen Becken

➤ S. 110, Der Norden

GRENEN 10

Skagerrak meets Kattegat: An Jütlands windumwehter Nordspitze vermischen sich zwei Meere

Tipp: Lass dich fotografieren, wenn du mit einem Bein in der Nordsee und mit dem anderen in der Ostsee stehst

➤ S. 117, Der Norden

INHALT

MARCO POLO TOP-HIGHLIGHTS

DAS BESTE ZUERST

SO TICKT DÄNEMARKS NORDSEEKÜSTE

ESSEN, SHOPPEN, SPORT

MARCO POLO REGIONEN

ERLEBNISTOUREN

GUT ZU WISSEN

Besuch planen
€–€€€ Preiskategorien
(*) Kostenpflichtige Telefonnummer
Essen/Trinken
Shoppen
Ausgehen
Top-Strände

(A2) Herausnehmbare Faltkarte
(0) Außerhalb des Faltkartenausschnitts

BESSER PLANEN MEHR ERLEBEN!

Digitale Extras
go.marcopolo.de/app/nsd

DAS BESTE ZUERST

Foto? Oder doch eher Gemälde? Dünenlandschaft bei Henne Strand

BEST OF BEI REGEN

SCHÖN, AUCH WENN ES REGNET

WASSER VON ALLEN SEITEN

Ist der Tag in Nr. Vorupør verregnet, aber warm, geh ins *Havbad:* Da gibt's zum Süßwasser von oben noch Salzwasser von unten.

➤ S. 89, Der Nordwesten

WASSER HINTER GLAS

Ob Fische merken, dass es regnet? Man weiß es nicht. Sicher ist aber, dass es in vielen Orten an der Westküste große Aquarien gibt, von denen das *Nordsøen Oceanarium* in Hirtshals die größte Unterwasserwelt besitzt (Foto).

➤ S. 110, Der Norden

PLANSCHEN, FUTTERN, CHILLEN

Wer aufs Baden bei Regen nicht verzichten will, gönnt sich einen Tag in einem Erlebnisbad, etwa im *Hvidbjerg Strand Badeland* in Blåvand, *Landal Seawest* in Nymindegab, *Lalandia* in Søndervig oder im *Skallerup Seaside Resort* bei Hjørring.

➤ S. 34, Sport

ERST ZIEHEN, DANN ANZÜNDEN

Eine ebenso beruhigende wie dunkle Tage erhellende Tätigkeit ist das Kerzenziehen. In vielen Galerien wie z. B. bei *Fanø Lys* in Nordby auf Fanø kannst du eigene Kerzen kreieren.

➤ S. 54, Der Süden

WOHLFÜHLTAGE

Warum nicht mal ein Wellness-Tag mit allem Drum und Dran? Tagespakete schnüren diese Spas: das *Blåvand Kurbad* in Blåvand, das *Day Spa im Hotel Fjordgaarden* in Ringkøbing oder das *Sydthy Kurbad* in Hurup.

➤ S. 62, 71 Die Mitte,
S. 86, Der Nordwesten

KUNST, SALAT & KUCHEN

Museen mit Restaurant sind ein noch lohnenswerteres Regenziel. Ein gutes Beispiel ist das Ensemble aus *Holstebro Kunstmuseum, Holstebro Museum* und dem *Restaurant Støberiet.*

➤ S. 72, Die Mitte

BEST OF

LOW-BUDGET

FÜR DEN KLEINEN GELDBEUTEL

DIREKTVERMARKTUNG PER SELBSTBEDIENUNG

Bauern und private Produzenten bieten ihre Erzeugnisse überall in *Verkaufsständen* neben der Straße an – Gemüse, Obst, Marmelade, Pesto, Saft, Eier, Honig. Auch Säcke mit Brennholz *(brænde)* für den Ofen im Ferienhaus werden oft am Wegesrand verkauft. Einfach den abgezählten Betrag in die dafür vorgesehene Dose oder Kassette stecken – klauen wird hier keiner.

WENIGER KRONEN FÜR KLÖTZE

Beim *Legoland*-Besuch lohnt sich der Klick auf der Website: Das Tagesticket kostet online 329 statt 499 Kronen, die man am Eingang berappt – also nur 44 statt 67 Euro.

➤ S. 63, Die Mitte

MUSEUM SATT

Viele Museen an der Nordseeküste werben mit Rabatten und sehr günstigen Kombitickets, so z. B. die zehn Museen rund um den Ringkøbing Fjord *(ringkobingfjordmuseer.dk)*, zu denen u. a. das *Lyngvig Fyr*, der *Bork Vikingehavn*, das *Fiskeriets Hus* in Hvide Sande und das *Ringkøbing Museum* gehören.

FERIENHAUS MIT BONUSPROGRAMM

Sparfüchse achten beim Mieten eines Ferienhauses (Foto) nicht nur auf Größe, Lage und Ausstattung, sondern auch darauf, was im Mietpreis alles enthalten ist. Denn nicht selten sind satte Rabatte bei spannenden Urlaubsaktivitäten drin.

➤ S. 133, Gut zu wissen

MUSIK LIEGT IN DER LUFT

In der sommerlichen Musik- und Festivalsaison sind viele Open-Air-Konzerte kostenlos, etwa während der *Esbjerg-Festwoche* im August.

➤ S. 131, Feste & Events

BEST OF MIT KINDERN

SPANNENDES FÜR GROSS & KLEIN

MAL OHNE WIND UND WELLEN

Wenn das Wetter so richtig mies ist, sorgt Indoor-Action für einen ausgefüllten Urlaubstag: in Bork Havn im *Bork Legeland (borklegeland.dk)*, in Søndervig im *Monky Tonky Land (lalandia.dk)* oder in Hvide Sande im *Ald'i'leg (Facebook)*.

WICKIE & DIE STARKEN MÄNNER

Auf dem Spielplatz im *Ribe Vikingecenter* können Kids in Wikingerhäusern wohnen, sich im Wikingerhandwerk üben und Abenteuer bestehen – schlau wie Wickie, mutig wie Grautvornix!

➤ S. 48, Der Süden

ACTION VON MORGENS BIS ABENDS

Ganze Tage verbringen – und kindgerecht übernachten – kann man im *Fårup Sommerland* mitten im Wald mit Aquapark, Achterbahnen, Eisenbahnfahrten, Islandpferden, Lagerfeuer …

➤ S. 104, Der Norden

ZU DEN WEISSEN LÖWEN

Sicherlich, Zoos gibt es auch zu Hause – aber wo kann man schon weiße Löwen bestaunen wie im *Blåvand Zoo?*

➤ S. 60, Die Mitte

GANZ SCHÖN WATT LOS IM UND AM WATT

Muschelbasteln, Bernsteinschleifen, Drachenbauen, Garnelenfangen, kindertaugliche Wattenmeer-Exkursionen … das Angebot für Kids im *Naturcenter Tønnisgård* auf Rømø kann sich wirklich sehen lassen.

➤ S. 45, Der Süden

IN DER BONBONKOCHEREI

In den *Bonbonmanufakturen (bolchekogerier)* in Ringkøbing oder Løkken kann man an bestimmten Tagen zusehen, wie die bunten, süßen Köstlichkeiten gemacht werden – und den ein oder anderen *bolcher* abstauben (Foto).

➤ S. 70, Die Mitte,
S. 106, Der Norden

BEST OF

TYPISCH

DAS ERLEBST DU NUR HIER

DER STRAND ALS ANKERPLATZ
Die Strandfischerei hat eine lange Tradition an der Westküste Jütlands. Wie die Fischkutter mittels Winden auf den Strand bzw. ins Wasser gezogen werden, erlebst du z. B. in *Thorup Strand*.
➤ S. 94, Der Nordwesten

DER STRAND ALS STRASSE
Mit dem Auto den Strand befahren? Ist vielerorts an der dänischen Küste kein Problem, *zwischen Blokhus und Løkken* gilt der Sandstreifen sogar offiziell als (Neben-)Straße.
➤ S. 103, Der Norden

ETWAS ANDERE PLANTAGEN
Ursprünglich aus robusten Kiefern als Küstenschutzpflanzungen angelegt, um dem Sandflug Einhalt zu gebieten, sind die „Plantage" genannten Küstenwälder wie die *Husby Klitplantage* mittlerweile abwechslungsreiche Biotope mit hohem Erholungswert (Foto).
➤ S. 71, Die Mitte

NATÜRLICH HOCHPROZENTIGES
Im Winterhalbjahr ist es oft ungemütlich an der Küste. Da trifft es sich gut, dass man sich an Likören und Schnäpsen wärmen kann, die aus Gewächsen vor der Haustür destilliert werden.
➤ S. 28, Essen & Trinken

DAS GOLD DES MEERES
Überall an der Küste wird Bernsteinschmuck verkauft. Warum also nicht mal selber nach dem goldgelben Baumharz suchen? Am ehesten fündig wirst du an den Stränden von Blåvand, Thyborøn und Hanstholm sowie zwischen Blokhus und Hirtshals.

HEIMLEUCHTENDE TÜRME
Jedes zweite Kliff an der wilden Westküste ziert ein Leuchtturm. Viele dieser blinkenden Orientierungshilfen kannst du besteigen. Ein besonders schöner Turm ist das *Lyngvig Fyr* mit Café und Souvenirshop.
➤ S. 68, Die Mitte

SO TICKT DÄNEMARKS NORDSEE KÜSTE

Berühmte Badehäuschen: Løkkens „weiße Stadt" am Fuß der Dünen

ENTDECKE DÄNEMARKS NORDSEEKÜSTE

Wenn das mal nicht nur *hyggelig*, sondern auch wunderschön ist: Nordby auf Fanø

Nichts als Himmel und Meer, grenzenloses Blau, schnell ziehende weiße Wölkchen. Ja … man könnte lyrisch werden, wenn man im Sommer vom weiten Strand der dänischen Westküste aufs Meer schaut: „Das ist's, was mich hier so entzückt: / Diese unbedingte Weite, / dieser Horizont in Tief' und Breite / verschwenderisch hinausgerückt." Der Dichter Christian Morgenstern hat die passenden Worte gefunden.

Es kann hier aber auch anders zugehen: der Horizont im Dunst verschwimmend, die See graugrün und wellenbewegt, wirbelnder Sand am Strand, Dünen und Kliffe windumtost. An solchen Tagen wird deutlich, wie sehr Jütlands Nordseeküste den Naturgewalten ausgesetzt ist. Doch man kommt ja wegen der schönen Tage hierher, und von denen gibt es viele übers Jahr: Wenn die Wintersonne strahlt, ist die Luft glasklar und nordseefrisch; an milden Sommertagen ist

Mitte 6. Jh. Erste Besiedlung Jütlands

860 Skandinaviens erste christliche Kirche in Ribe

1397–1523 Dänemark, Norwegen und Schweden sind in der Kalmarer Union vereinigt

1849 Dänemark wird konstitutionelle Monarchie

1864 Deutsch-Dänischer Krieg: Schleswig und Holstein werden preußisch

1920 Volksabstimmung: Nordschleswig wird dänisch, Südschleswig bleibt deutsch

das Meer unter dem hohen Himmel von strahlendem, tiefem Blau und brandet sanft an den Strand.

DER STRAND? ENDLOS!

Sieht man von den extrabreiten Sandstreifen der beiden Wattenmeerinseln Rømø und Fanø ab, beginnt dieser Strand nördlich des Nationalparks Wattenmeer an Dänemarks westlichstem Punkt, Blåvandshuk. Er zieht sich über etwa 370 km bis zur Landspitze Grenen, wo Vesterhavet (Nordsee) und Østersøen (Ostsee) aufeinandertreffen. An den Sandstreifen schließt sich ein breiter Dünengürtel an, hinter dem mehr oder weniger große Küstenwälder liegen, die sogenannten Plantagen. An ein paar Stellen wird diese harmonische, gleichförmige Küstenlandschaft zu einer dramatisch aufragenden, imposanten Steilküste. Ab Thyborøn, wo der gleichnamige Kanal die Küstenlinie durchbricht, schneidet der Limfjord auf 180 km Länge Jütland in zwei Teile und schafft so Dänemarks zweitgrößte Insel: Nørrejyske Ø (4685 km²). Hier liegt das südliche Ende des Nationalparks Thy, an den sich die weit geschwungene, wegen vieler Schiffshavarien so genannte Jammerbucht anschließt. Schließlich endet die Küstenlinie in der Wanderdünenwildnis bei Skagen an Dänemarks Nordspitze.

WELTNATURERBE WATTENMEER UND WELTKRIEGSERBE BUNKER

Das Strandleben beschränkt sich übrigens nicht auf (Sonnen-)Baden, Sporttreiben und Wandern am Flutsaum: An einigen Stellen darf man den festen Sand mit dem Auto befahren, wovon die Dänen regen Gebrauch machen. Will man

- **1940–45** Deutsche Besetzung; Errichtung des Atlantikwalls
- **1972** Margrethe II. wird Königin
- **1973** EU-Beitritt Dänemarks
- **2008/2010** Einweihung der Nationalparks Thy/Dänisches Wattenmeer
- **2014** Wattenmeer wird Welterbe
- **2023** Die Offshore-Windparks Vesterhav Syd und Nord gehen in Betrieb
- **2024** Margrethe II. dankt ab, Frederik X. wird König

doch keine die Natur zerstörenden Asphaltschneisen durch Dünen und Plantagen schlagen und außerdem den Verkehr in diesen Gebieten begrenzen. An wenigen Stellen wird noch die traditionelle Küstenfischerei betrieben, bei der die Fischkutter mit einer Winde auf den Strand gezogen werden. Und beinahe überall sind die strandnahen Dünen von den Bunkern des sogenannten Atlantikwalls durchsetzt – etliche davon sind heute Teil von Museen zum Thema Zweiter Weltkrieg. Neben diesem zwangsweise angenommenen Erbe aus Beton und Stahl existiert ein ungleich wertvolleres aus Salzwasser, Sand, Schlick und Millionen von Lebewesen: der dänische Teil des Unesco-Weltnaturerbes Wattenmeer, geschützt im Nationalpark *Vadehavet (nationalparkvadehavet.dk)*, dem größten der fünf dänischen Nationalparks.

BADEORTE, FISCHERHÄFEN UND HÜBSCHE STÄDTCHEN

An der gesamten Westküste urlaubt man vorwiegend in Ferienhäusern – etwa 53 000 verteilen sich in den Dünen und Küstenwäldchen zwischen den Badeorten, von denen über 17 000 vermietet werden. Andere Urlauber campen, wieder andere logieren in kleinen Hotels oder in einer jener Apartmentanlagen, die Teil eines Freizeitparks sind – ein Ferienfest für Kids. Reichlich was los ist auch in den größeren Seebädern wie Søndervig, Løkken oder Blokhus, das Actionangebot, vor allem das sportive, reicht von Angeln und Biken über Golfen bis Reiten und Windsurfen. Bei Schlechtwetter sorgen Spas und Spaßbäder für Abwechslung.

EINFACH NUR DASITZEN UND AUFS MEER SCHAUEN

Wer aber nur wegen Nordsee, Strand und Sport kommt, verpasst so einiges! Sightseeing in den Häfen an der Küste und am Limfjord zum Beispiel: In den Marinas liegen Motoryachten, an den Kaimauern bunte Fischkutter. In Hanstholm oder Skagen ankern die großen Hochseetrawler, in Hirtshals legen außerdem die Fähren nach Norwegen und Island ab, und Esbjergs Hafen ist ein Zentrum der Windpark-Logistik. Doch vor allem im Hinterland offenbart sich der ganze Charme Westjütlands. Zwischen Esbjerg und Aalborg sind in eine von Auen durchzogene und mit kleinen Seen gesprenkelte Landschaft hyggelige Dörfer mit gemütlichen *kros* (Gasthäuser) und sehenswerten Kirchen hineingetupft. Im Vergleich zur deutschen Nordseeküste drehen sich viele Windräder draußen auf dem Meer. Auch die Zentren der Region sind umgeben von Feldern, Wiesen und Wäldern: lebendige Städte wie Tønder und Ribe mit einer jahrhundertealten Geschichte, Ringkøbing und Lemvig mit ihren Fjordhäfen, Holstebro und Hjørring mit Streetlife, Boutiquen und Designshops.

Wer nun weder bummeln noch baden möchte, für den gibt es eine bedenkenswerte Alternative: mal runterkommen. Einfach mal nur dasitzen und aufs Meer schauen, mit sich und der Natur alleine. Für diese Form der Tiefenentspannung findet sich an der dänischen Nordseeküste immer ein Plätzchen – auch in der Hochsaison, wenn hier alles brummt.

AUF EINEN BLICK

0
Kronen/Tag

An der dänischen Nordseeküste zahlst du keine Kurabgabe. An der deutschen Nordseeküste schlägt sie mit 1,50 bis 4 Euro/Tag zu Buche.

500 km
Küstenlänge (ohne Inseln)

Deutsche Nordseeküste (ohne Inseln): 750 km

4000
Bunker

bauten die deutschen Besatzer an Dänemarks Nordseeküste

HÖCHSTE DÜNE: BLÅBJERG
64 M

Die Uwe-Düne auf Sylt ist etwas mehr als 52 m hoch

KÄLTESTER MONAT
AUGUST
20°C

WEIHNACHTSTANNEN, DIE DÄNEMARK JÄHRLICH EXPORTIERT

11 MIO.

PROMILLE X NETTOEINKOMMEN

Formel für das Strafmaß bei Alkohol am Steuer

ESBJERG

Größte Stadt mit 72.000 Einwohnern

25 PROZENT
beträgt die Mehrwertsteuer in Dänemark

DIE WINDSURFIKONE BJØRN DUNKERBECK WURDE 1969 IN RIBE GEBOREN

DÄNEMARKS NORDSEE-KÜSTE VERSTEHEN

HYGGE

Seit sich auch in Deutschland Zeitschriften, Lokale, ja, ganze Innenstädte das Etikett *hyggelig* aufkleben, könnte man schon fast von kultureller Aneignung sprechen, ist dieser so reichlich strapazierte Begriff doch nicht irgendein Trend, sondern in Dänemark integraler Bestandteil des Lebens! Wörtlich nicht übersetzbar, beschreibt *hygge* das Glück im Kleinen, das Bedürfnis nach heimeliger Atmosphäre, aber auch nach Gastlichkeit und Geselligkeit. Dabei ist das hierzulande oft als Synonym gebrauchte „gemütlich" nur einer von mehreren Aspekten, denn auch, wenn's laut, wild und fröhlich zugeht, kann es *hyggelig* sein, nämlich dann, wenn sich bei allem Trubel ein Wohlgefühl einstellt und man nach der Veranstaltung zueinander sagen kann: *Det var hyggeligt!*, „Das hat gutgetan!"

LEG GODT!

„Spiel gut!", vereinfachte Tischlermeister Ole Kirk Christiansen seinen Qualitätsanspruch, verkürzte dieses Motto nochmals zu „Lego" und gründete 1932 in Billund (s. S. 63) eine Holzspielzeug-Manufaktur. 1949 brachte er seine ersten „Automatic Binding Bricks" aus Plastik unter die Leute, 1958 ließ er sich den Noppenstein patentieren. Er konnte nicht ahnen, dass Lego heute weltweit 18 000 Mitarbeiter hat und seine Familie (der die Firma bis heute gehört) die reichste Dänemarks ist mit einem geschätzten Vermögen von fast 5 Mrd. Euro. Ebenso wenig wird er geahnt haben, dass seine einfachen bunten Bricks längst modifiziert und zu aufwendigen Sets komponiert werden, von denen viele begehrte, hoch gehandelte Sammlerstücke sind. Das umfangreichste Lego-Set ist bislang der aus 10 001 Teilen bestehende, 1,49 m hohe Eiffelturm.

Im Übrigen hat der einstige Vorreiter in Sachen Plastikspielzeug die Zeichen der Zeit erkannt: Der Energiebedarf der Firma wird zu 100 Prozent aus erneuerbaren Quellen gedeckt, in naher Zukunft sollen außerdem alle Verpackungen nachhaltig produziert werden. Schon jetzt bestehen viele der Lego-Bauelemente aus Bio-Polyethylen, gewonnen aus nachhaltig angebautem Zuckerrohr.

WOHER DER WIND WEHT

Schon früh hat man in Dänemark auf Windenergie gesetzt, vor allem an der Westküste, wo wirklich windstille Tage ein eher seltenes Ereignis sind. So baut die 1945 in Lem bei Ringkøbing gegründete Firma Vestas seit 1979 Windkraftanlagen und ist heute einer der weltweit führenden Hersteller.

Seit 2002 werden die meisten neuen Windmühlen mehr oder weniger weit vor den Küsten des Landes errichtet: Offshore-Windparks statt Verspargelung der Landschaft. Ein paar nackte

Spargel am Horizont statt auf Hügeln: Dänemark erntet Windkraft auf hoher See

Zahlen geben am besten Aufschluss über das gewaltige Investitionsvolumen vor der Westküste: Alles begann mit den 80 Anlagen des Windparks Horns Rev 1 vor Blåvands Huk, mittlerweile stehen hier 220 Windmühlen im Meer, die etwa 800 000 Haushalte mit Strom versorgen. Zu den bestehenden 20 Anlagen von Vesterhav Syd, rund 10 km vor Hvide Sande, kommen 2024 noch die 21 Anlagen von Vesterhav Nord in der Nähe der Küste bei Bovbjerg Fyr/Vejlby Klit hinzu. Beide Windparks zusammen liefern Strom für 350 000 Haushalte. Bei einer Schiffstour, die ab Hvide Sande angeboten wird, kannst du die gigantischen Dimensionen auf dich wirken lassen (s. S. 67): 193 m hoch sind die Windmühlen, die Flügeldurchmesser betragen 167 m! 2027 soll zudem der Windpark Thor in Betrieb gehen: Seine 72 Anlagen im Meer vor Thorsminde werden 1 Mio. Haushalte mit Strom versorgen. Das Ergebnis all dieser Bemühungen kann sich sehen lassen: 2022 wurden 69 Prozent des dänischen Energiebedarfs durch erneuerbare Energien gedeckt, der Anteil der Windkraft daran: 55 Prozent.

INSIDER-TIPP
Kopf in´n Nacken!

DU? SIE? DU!

Zunächst: Du heißt auch auf Dänisch du. Das ist deswegen wichtig, weil man sich in Dänemark grundsätzlich duzt, und zwar schon seit den 1970er-Jahren. Oft redet man sich auch mit dem Vornamen an. Denn alle sind gleich – nur die königliche Familie um König Frederik X. ist gleicher: Sie wird aus Respekt und Zuneigung ausnahmslos gesiezt! Auch wenn Dänen mit dir deutsch sprechen, duzen sie dich in den allermeisten Fällen. Das Duzen geschieht aus reiner Freundlichkeit; es ist sozusagen ein Teil des Konzepts Hygge (s. oben).

FISKER FRITS FISKER FRISKE FISK

Selbst in Zeiten des Rückgangs der Fischbestände und damit auch der Anzahl der Fischer und ihrer Kutter holten dänische Hochseefischer im Jahr 2022 allein aus Nordsee und Skagerrak 334 000 t Fisch und Krustentiere (zum Vergleich: Deutsche Fischer fingen insgesamt 150 000 t); dazu kamen 35 500 t Muscheln, zum großen Teil aus dem Limfjord. Die meisten dieser Fänge werden in Skagen, Thyborøn und Hanstholm angelandet und verarbeitet.

Bei diesen Mengen fällt die – allmählich aussterbende – traditionelle Strandfischerei kaum ins Gewicht. In Nr. Vorupør, Thorup Strand und Løkken kannst du noch erleben, wie die am Rumpf verstärkten Kutter mithilfe zweier Winden und Stahlseilen zu Wasser gelassen und wieder auf den Strand gezogen werden. Einen Teil ihres Fangs verkaufen die Strandfischer nach alter Tradition auch direkt vor Ort. In Stenbjerg ist der Strandfischerei ein kleines Museum gewidmet.

VOM WINDE VERWEHT

Man glaubt es heutzutage kaum, aber bis ins frühe Mittelalter war Nordjütland in weiten Teilen bewaldet. Doch die Bevölkerung wuchs und brauchte immer mehr Brenn- und Baumaterial – der Wald wurde sukzessive abgeholzt,

Fischkutter auf dem Trockenen: In Stenbjerg gibt es noch die traditionelle Strandfischerei

und in der Folge trieb der Westwind immer mehr Flugsand ins Land. Es bildeten sich Wanderdünen, und der Sand verschluckte ganze Dörfer. Die Ergebnisse dieser Versandung sind z.B. bei Lønstrup oder Skagen heute noch zu sehen. Erst im 19. Jh. begann man, zum Schutz des Küstenlands Heidekraut, robuste Gehölze, Eichen und Kiefern in sogenannten Klitplantagen anzupflanzen, doch noch immer ist die *sandflugt* (Sandflucht) ein Problem, dessen Bekämpfung jährlich viele Millionen Kronen kostet.

ERINNERUNGSKULTUR

Von 1942 bis Anfang 1945 klotzte die deutsche Wehrmacht als Teil des „Atlantikwalls" allein an Jütlands Westküste um die 2000 Bunker in die Dünen, dazu 300 weitere auf Fanø wegen seiner strategisch wichtigen Lage. In Houvig, Hanstholm, Thyborøn und Hirtshals entstanden regelrechte Festungen aus 50 bis über 100 Bunkern, teilweise unter Sand oder Gras versteckt, andere als Häuser oder Höfe getarnt. Wegen des – auch finanziell – immensen Aufwands wurden nach Kriegsende nur wenige der Bunker mit ihren bis zu 3,5 m dicken Wänden gesprengt – und die Dänen machten aus der Not eine Tugend und zugleich eine Mahnung an kommende Generationen: Überall werden mehrsprachige informative Bunkertouren angeboten, in der Festung Hanstholm wurde ein Bunkermuseum (s. S. 92) geschaffen, ebenso wie in einem Teil des Museums in der unvollendeten Festung Tirpitz (s. S. 60) bei Blåvand. Anderenorts wurden Bunker zu Unter-

KLISCHEE KISTE

ALLES VIEL ZU TEUER

Stimmt nicht ganz. Dänemark ist zwar ein recht teures Urlaubsland, aber wer Gemüse und Obst auf dem Markt oder an einem der Verkaufsstände an der Straße kauft, Fleisch beim Schlachter oder Fisch im Hafen, schont spürbar seine Urlaubskasse. Und: Es gibt keine Kurabgabe!

ALLES VIEL ZU FETT

Ja, vereinzelt ist sie noch anzutreffen, die in Butter schwimmende Scholle mit glasig gekochten Kartoffeln. Und die quietschroten *pølser* im Pappbrötchen, aus dem gelbliche Remoulade trieft, muss man schon mögen. Längst aber wird in sehr vielen Restaurants an Jütlands Westküste eine leichte, regional geprägte Küche angeboten. Und natürlich: die superfrischen Meeresfrüchte-Gerichte.

ALLE JAHRE WIEDER ...

Sympathisch weihnachtsverrückt sind sie, die Dänen: Ab Mitte November lauern *julenisser* (Weihnachtswichtel) allüberall, sind Fenster mit *julepynt* (Weihnachtsdeko) geschmückt, dudeln allerorten dänische Weihnachtslieder aus Lautsprechern. Und selbst beim Strandspaziergang begegnen einem gut gelaunte Leute mit Zipfel- statt Pudelmützen auf dem Kopf.

ständen für Spaziergänger oder zu Kunstobjekten – wie Bill Woodrows „Mulis" oder Jörg Immendorffs „Affe mit Pinsel" in Blåvand.

WIDER DIE VERMÜLLUNG

Sieht man mal von der Landwirtschaft ab (hoher Pestizid- und Düngemitteleinsatz, großflächiger Viehfutteranbau), sind die Dänen besonders umweltbewusst, bekanntermaßen ganz weit vorn im Klimaschutz – und sie achten sehr auf Sauberkeit. Längst ist auch die Vermeidung von Plastik ein Thema, und als ein allseits vom Meer umgebener Staat sorgt man sich ganz besonders um die Verschmutzung der Küsten und Strände durch Plastikmüll: Jedes Jahr werden bis zu 1000 t Abfall allein an Jütlands Westküste gespült, in erster Linie unverrottbare Plastikteile. Und hier zeigen die Dänen beispielhaftes Engagement: Viele Tausend Freiwillige räumen in regelmäßigen Abständen tonnenweise Plastikmüll und andere Hinterlassenschaften vom so exponiert liegenden Westküstenstrand. Die Aktionen werden von den Gemeinden organisiert oder von Vereinen wie z.B. *Strandet (strandet.io)*.

„DIE MÄNNER VOM MEER"

So lautet der Titel eines sehr lesenswerten Romans (1994) von Konrad Hansen über die Wikinger. Und in der Tat waren die in ganz Skandinavien beheimateten Nordmänner hervorragende Seefahrer. Sie landeten – in Person des Isländers Leif Eriksson – 1021 als erste Europäer in Nordamerika; ihre blutigen Raubzüge, aber auch Handelsfahrten führten sie bis nach Russland, Nordafrika und an die Küsten des östlichen Mittelmeers. Ihr berühmtester König war Harald Blauzahn (910–986), der die dänischen Fürstentümer zu einem Königreich vereinte, sich im Jahr 965 taufen ließ und so die Christianisierung Skandinaviens einleitete. Funfact am Rande: Das Bluetooth-Logo besteht aus den Runen für H und B.

Spuren der Wikinger in Westjütland findest du an folgenden Orten: Bork Havn und Ripa (Ribe) waren wichtige Handelshäfen – Freilichtmuseen und das Wikingermuseum in Ribe (s. S. 47) illustrieren ihr Leben. Beeindruckend sind das große Gräberfeld Lindholm Høje bei Aalborg und der 240 m durchmessende Ringwall der Aggersborg am Limfjord, gegenüber von Løgstør. Errichtet um 980, war sie die größte Wikingerfestung in Dänemark. In 48 Langhäusern von je 30 m Länge lebten hier bis zu 5000 kampferprobte Nordmänner *(destinationhimmerland.de)*.

KUNST FÜR JEDE, JEDEN, JEDES

Dänisches Design genießt Weltruf, Ateliers und Galerien von Kunsthandwerkern und Künstlern gibt es zudem in so gut wie jedem Dorf. Doch auch Kunst im öffentlichen Raum spielt eine große Rolle: Fassadenmalereien, Skulpturen, Installationen mit und ohne Licht, Brunnen und Wasserspiele usw. gehören vielfach selbstverständlich zum Ortsbild. In Städten wie Varde, Esbjerg, Holstebro, Struer, Hjørring oder Aalborg kannst du an Kunstrundgängen teilnehmen oder dir in den Touristinfos den entsprechenden Flyer besorgen und auf eigene Faust losziehen.

LICHT AUF LEINWAND

Das unvergleichlich klare und doch sanft strahlende Licht des Nordens wollten sie einfangen in ihren Bildern, die sogenannten Skagen-Maler. Und sie wollten weg vom akademischen Malen, hin zum Malen der Natur und dem Alltag der Menschen in ihr, mit Bildmotiven wie „Drei Fischer ziehen ein Boot" von P. S. Krøyer.

Holger Drachmann und Frits Thaulow waren die ersten, die hier in den 1870er-Jahren eine Künstlerkolonie gründeten, ihnen folgten Peder Severin Kroyer, Michael Ancher, Karl Madsen, Oscar Björck, Christian Krohg und etliche andere. Michael Ancher heiratete gleich mal die Tochter des örtlichen Gastwirts, Anna Brøndum, die später als Malerin Anna Ancher zu gleicher Berühmtheit gelangte wie ihr Gatte. Holger Drachmann war Maler und Dichter – er schrieb u. a. den Text zu dem Lied „Midsommervisen" (Mittsommerweise), das bis heute bei jeder Sommersonnenwendfeier am 21. Juni gesungen wird. An seinem Grab auf Grenen kommt man auf dem Weg zur Nordspitze vorbei.

INSIDER-TIPP
Sommerabend am Südstrand

P. S. Krøyer war der wohl berühmteste unter den Skagen-Malern – sein ikonografisches Gemälde „Sommeråften ved Skagen Sønderstrand" hängt im *Skagens Museum* (s. S. 114), es zeigt seine Frau und Anna Ancher beim Strandspaziergang zur blauen Stunde, wenn der Horizont verschwindet und Himmel und Meer eins werden.

Die Müllmöwe sorgt für Sauberkeit: kreative Abfallsammelei bei Thyborøn

ESSEN SHOPPEN SPORT

Sommertraumtag in Aalborgs Altstadt

ESSEN & TRINKEN

REGIONAL & NACHHALTIG

Gemüse und Kartoffeln direkt vom Bauern, Fleisch aus sorgsamer Tierhaltung, ökologisch erzeugte Milchprodukte, mit kleinen Booten gefangener Fisch – überall in Dänemark setzt man schon seit Längerem auf nachhaltige Nahrungsmittelproduktion und auf kurze Wege. Dies und vor allem die Wiederentdeckung von Kräutern und Früchten aus der Natur, auch von Pilzen und Wild, hat dazu beigetragen, dass die dänische Küche einen internationalen Trend gesetzt hat – „nordisch" lautet das kulinarische Zauberwort.

PØLSERBUDE & LUXUSLOKALE

Der erste Weg vieler Dänemark-Urlauber führt – öko hin oder her – zum örtlichen Hotdog-Stand, um dort in eines der berühmt-berüchtigten roten Würstchen *(pølser)* im Pappbrötchen zu beißen, mitsamt Röstzwiebeln, süßsauren Gurken und reichlich Remoulade/Ketchup. Viel weiter oben im Gastro-Ranking liegen Grillrestaurants mit USA-Touch und Namen wie Bone´s, Flammen oder Steaken und mit meist sehr guter Fleischqualität. In *kros* und Hotelrestaurants werden oft ⚑ die typisch dänischen Büfetts aufgefahren: Wer mal traditionell speisen möchte, sollte sich das nicht entgehen lassen! Willst du an der Nordseeküste richtig gut essen gehen? Dann folg dem *White Guide (whiteguide.com)*, dem „skandinavischen Michelin". Übrigens: Von Dänemarks 29 Michelin-Sternen (2023) leuchten zwei auch an der Westküste, und zwar im Dörfchen Henne (s. S. 65).

FROKOST & MIDDAG

Neben den üblichen Zutaten eines reichhaltigen Frühstücks *(morgenmad)* werden auch Joghurt-, Dick- und Sauermilchprodukte gern zu sich ge-

Dänische Klassiker: *smørrebrød*, modern interpretiert (li.), und verführerische Zimtstangen

nommen. Dänische Milchprodukte sind ganz ausgezeichnet, ein Genuss z. B. die biologisch erzeugten Butter- und Käsesorten der jütländischen *Thise Mejeri (thise.de)*.

Mittagszeit ist zwischen 12 und 14 Uhr, meist gibt´s zur *frokost* was Kaltes, in Restaurants auch kleine warme Gerichte und Steaks – und das dänische Nationalgericht *smørrebrød*, das schon lange nicht mehr sehr viel mit Brot zu tun hat. Bei ihm toben sich Köche aus und türmen alles, was Platz hat und gut harmoniert, aufs Roggenbrot *(rugbrød)*. Als kleine Mittagsgerichte oder für zwischendurch empfehlen sich auch ein Krabbencocktail *(rejecocktail)* mit einem Salat oder ein Hähnchensandwich *(kyllingesandwich)* mit Salatblatt, Gurke und Schinken. Etwas gehaltvoller ist da schon der traditionelle *æggekage*, ein Omelett mit Tomaten, Schnittlauch und Speck.

Warum das warme Abendessen in Skandinavien – wie auch der Mittag selbst – *middag* genannt wird, weiß keiner so genau. Im Restaurant isst man dann, zwischen 18 und 20 oder 21 Uhr, à la carte oder gönnt sich ein *aftenmenu* aus drei bis vier Gängen *(retter)*. Bleibt abends die Küche kalt, lässt man sich zum *aftensmad* nieder.

KAFFE & KAGE

Die Dänen mögen es (sehr) süß – Kaffee, Kekse und Kuchen sind quasi Grundnahrungsmittel. Die Kaffee-&-Kuchen-Zeit wird also großzügig zwischen 12 und 17 Uhr terminiert. Dazu gehören z. B. *wienerbrød* (Plundergebäck mit Marzipanfüllung), eine *kanelstang* (Zimtstange), *æblekage* (eine Art Apfeldessert) oder *koldskål* (Buttermilch, Eier, Zucker) mit *kammerjunkere* (süße Zwiebäckchen mit Kardamom) drin. Außerdem rühmen sich die Dänen, das weltbeste Softeis herzustellen – mit einer Waffel dazu ein himmlischer Genuss. Genau wie die bekannte *rødgrød med fløde* (rote Grütze mit Sahne), die auch als Dessert beliebt ist und in der kalten Jahreszeit mit Rum und Zimt den Temperaturen angepasst wird.

SCHUPPEN, SCHALEN, PANZER

Die vielen Fischereihäfen an der Küste garantieren die tägliche Versorgung mit superfrischem Nordseefisch. Am häufigsten landen Meerforelle, Lachs, Makrele, Hering, Aal, Scholle und Kabeljau/Dorsch auf dem Teller; seltener Kliesche, Hornhecht, Seeteufel oder Seewolf. Miesmuscheln *(blåmuslinger)* aus dem Limfjord gibt's oft mit Pommes und Austern *(østers)* aus dem Wattenmeer am liebsten pur. Unter den Krustentieren sind Kaisergranat *(jomfruhummer)* und Garnelen *(rejer)* am beliebtesten. Lässt man all das Meeresgetier zusammen köcheln, ergibt sich eine wunderbare Vorspeise: Fischsuppe.

Röstzwiebeln, süßsaure Gurken und ein Würstchen: *pølser*-Gaumenattacke

SKÅL!

Zum Abendessen prostet man sich mit Wein *(vin)* zu – es gibt sogar ein paar jütländische Weingüter –, ansonsten mit Bier *(øl)*. Und längst nicht nur mit Tuborg oder Carlsberg: Überall produzieren kleine örtliche Brauereien Craftbiere mit extraordinären Zutaten wie Zuckertang, Kiefernnadeln, Lakritz oder den Blättern des Gagelstrauchs *(porse)*. Der Hopfen wird auch schon mal durch regionale Kräuter und Blüten ersetzt. Und zu Weihnachten wird überall ein extrastarkes *julebryg* gebraut. Sehr gute Schnäpse & Co kommen aus lokalen Destillerien (s. Kapitel Shoppen). Auch hier bedient man sich oft aus der umgebenden Natur und kreiert aus den Früchten des Gagelstrauchs, aus Moosbeeren *(tranebær)*, Sanddorn *(havtorn)* oder diversen Küstenkräutern aromatische Destillate. Ein besonderer Schnaps ist der *bjesk* aus Nordjütland, destilliert aus Beeren und Kräutern der Saison, sodass er zu jeder Jahreszeit anders schmeckt.

INSIDER-TIPP
Schnaps „Vier Jahreszeiten"

Unsere Empfehlung heute

Vorspeisen

PARISERBØF
Smørrebrød mit Rindertatar, Roter Bete, Zwiebeln, Kapern und Eigelb

STJERNESKUD
Smørrebrød mit panierter Scholle, Spargel, Krabben und Kaviar

LAKSETATAR
Lachstatar, mit Salat, Kartoffel- oder Brotchips

HØNSESALAT
Hühnersalat, mit Speck und Käsestreifen

Hauptgerichte

PANDESTEGT RØDSPÆTTE
Scholle, in der Pfanne gebraten, mit Salzkartoffeln *(hvide kartofler)*

JOMFRUHUMMER MED HVIDLØG
Kaisergranat mit Knoblauch, dazu Salat

ENGELSK BØF
Rumpsteak, dazu Bratkartoffeln *(stegte kartofler)*

DANSK BØF MED GULERØDDER
Hacksteak mit Karotten

HAVTASKEFILET MED GRØNTSAGER OG SVAMPE
Seeteufelfilet mit Gemüse und Pilzen

HVIDVINSDAMPEDE BLÅMUSLINGER
Miesmuscheln im Weißweinsud

ANDEBRYST MED RØDKÅL
Entenbrust mit Rotkohl

Desserts

UDVALG AF DANSKE OSTE
Dänische Käseauswahl, mit kleinen Tomaten, Oliven, Nüssen

VARM HYLDEBÆRSUPPE
Warme Holunderbeersuppe, mit Vanilleeis und gerösteten Mandeln

HJEMMELAVET IS MED FRISK FRUGT
Hausgemachtes Eis mit frischen Früchten

PANDEKAGER MED IS
Pfannkuchen mit Eis

SHOPPEN & STÖBERN

ABGEFLASCHT & ZUGEKORKT

Gut, es gibt den bekannten Aalborger Aquavit in neun Geschmacksrichtungen (besonders mild: die Variante mit Dill!). Aber es sind kleine regionale Brennereien, deren fein destillierte Tröpfchen das Urlaubsgefühl zu Hause noch eine Weile zu konservieren vermögen. Ein paar Adressen: Single Malt Whisky von *Stauning (stauning whisky.com)* aus Skjern, Whisky und edler Gerstenbrand von *Thy Whisky (thy-whisky.dk)* aus Snedstedt, Gin und Rum von *Norlyk (norlyk.dk)* aus Tønder und von *Skotlander (skotlander.com)* aus Pandrup, Hochprozentiges aller Art von der *Nordisk Brænderi (nordiskbraenderi.dk)* aus Fjerritslev.

DANSKE DESIGN

Dänisches Design genießt Weltruf, es ist cool, immer stylish und zeitlos schön. Und es muss nicht die Welt kosten: Recht preiswert – man lockt rund ums Jahr mit Sonderangeboten – findest du es etwa in den Filialen von *Jysk (jysk.dk)*, *Imerco (imerco.dk)* oder *Kop & Kande (kop-kande.dk)*. Außerdem gibt es hier all den Schnickschnack, den man zwar nicht braucht, aber schick findet.

Sogar Möbel kannst du kaufen: Einrichtungshäuser wie *Møbelhuset 2 (mobelhuset2.de)* in Tønder oder *Haungaard (haungaard.dk)* in Hjørring liefern nach Deutschland zu günstigen Konditionen (z. B. 19 statt 25 Prozent Mehrwertsteuer; versandkostenfrei).

SÜSS & SALZIG

Meistens süß: Handgemachte quietschbunte Bonbons *(bolcher)* produzieren die überaus beliebten Bonbonkochereien, es gibt sie z.B. in Blåvand, Løkken oder Skagen.

Herbsüß: Ein küstentypisches Naturprodukt ist Sanddorn *(havtorn)*. Aus der „nordischen Zitrone" macht man

Für den Hals und für Urlaubstage am Meer: Bernsteinketten (li.) und Strandaccessoires

Marmelade, Saft, Bonbons, Schokolade und vieles mehr.

Von süß bis salzig, von fruchtig bis salmiakig: Was wäre Dänemark ohne Lakritze! Die feinsten kommen von *Johan Bülow (lakridsbybulow.de)* oder von *Nordthy (nordthy.com)* aus Thisted.

Ganz salzig: In Pandrup bei Blokhus produziert und verkauft das *Vestkystens Saltcenter (blokhus-salt.dk)* feinstes Meersalz.

KUNST? HANDWERK? KUNSTHANDWERK!

Zur regionalen „Gebrauchskunst" *(brugskunst)* gehören stilsicher gestaltetes Keramikgeschirr ebenso wie Leuchter, Gläser, Vasen & Co aus Glas, farbige Kerzen *(lys)* und Schmuck aus Bernstein *(rav)*. Das goldgelbe Baumharz kannst du mit etwas Glück im Rohzustand am Strand zwischen Blokhus und Hirtshals, bei Hanstholm, bei Thyborøn, aber auch bei Blåvand finden. Ganzjährig gibt es in vielen Geschäften eine kleine Abteilung mit Weihnachtsdeko *(julepynt)*.

SCHNÄPPCHEN

Udsalg heißt Ausverkauf: Ist das in Schaufenstern plakatiert, gibt es im Laden teilweise ganz ordentliche Preisnachlässe. Achte auch auf Hinweisschilder mit der Aufschrift *Genbrug*: In diesen Secondhandläden bekommst du Designermode, aber auch andere Waren, zu oft sehr günstigen Preisen. Und im Supermarkt lohnt sich ein genauer Blick auf die Preisauszeichnungen: Kostet z. B. eine Packung Frischkäse 27,50 Kronen und du siehst das Preisschild „Ta' 2 for 40", also „Nimm 2 für 40 Kronen", dann sparst du 15 Kronen, immerhin 2 Euro, wenn du zwei kaufst. So kann ganz schön was zusammenkommen!

INSIDER-TIPP
1 + 1 = 3

SPORT

ANGELN

Die Westküste ist ein Paradies für Petrijünger, in dem man aber – außer an Put-&-Take-Seen – einen Sportangelschein *(Dansk fiskekort)* benötigt, auch fürs Angeln am Meer. Man bekommt ihn bei den örtlichen Touristbüros, in Angelgeschäften und online unter *fisketegn.dk*: Die Tageskarte kostet 40 Kronen, die Wochenkarte 130 Kronen. Für private Gewässer muss man eine zusätzliche Angelkarte erwerben – die Touristbüros helfen dabei weiter. Eine hilfreiche Website zu den Regularien und Angelmöglichkeiten ist *de.fiskekort.dk*.

In den Put-&-Take-Seen – kleine Angelseen, in denen regelmäßig Fische ausgesetzt werden – schwimmen in erster Linie Regenbogen-, Bach-, Lachs- und Goldforellen. In den Auen wie z. B. der *Varde Å*, der *Skjern Å*, der *Ry Å* oder der *Uggerby Å* fischt man u. a. Bach- und Meerforellen, Lachse, Hechte und Aale. Ein schönes kleines Angelrevier liegt beidseits der „Weißen Brücke" über die Ry Å bei Pandrup. Wer vom Strand aus Plattfische angeln will, kann das am besten in der Jammerbucht tun. Oder bei Skagen, und zwar Meerforellen. In den Häfen angelt man von der Mole aus auf u.a. Hornhecht, Makrele, Dorsch und Scholle. Kutter zum Hochseeangeln auf Makrele, Pollack oder Dorsch legen in fast allen Häfen ab, ab Hirtshals und Hanstholm geht es z.B. zum beliebten Gelben Riff, dem *Gule Rev (gule-rev.dk)*.

INSIDER-TIPP
Ob Bach oder Meer: Hauptsache Forelle!

BIKEN & RADFAHREN

Lästige Steigungen fallen an der Küste weitgehend flach, aber das gleicht der – fast ständig und meist aus westlichen Richtungen wehende – Wind locker aus. Man sollte ihn also bei jeder Radtour einkalkulieren! Die längste dieser

Auch die Nordsee kann gute Wellen machen: Surfer bei Nr. Vorupør

Touren ist die *Westküstenroute*: 560 km sind es von Rudbøl bis Skagen. Doch auch Teilstücke wie z.B. 16 verschiedene *Panoramarouten (vestkystruten.dk)* sind ausgeschildert.
Fürs Mountainbiking wurden Trails angelegt, so etwa eine 20-km-Runde in der *Plantage bei Slettestrand/ Svinkløv (mtbslettestrand.dk)*, 6 km in der *Kollerup Plantage* bei Blokhus und ein 15-km-Trail durch die *Skagener Dünenplantage*. Gleich drei Routen (4, 7, 13 km) gibt es in der *Blåbjerg Klitplantage*. Radwanderkarten und Karten der einzelnen Bikingtrails gibt es bei den örtlichen Touristinfos.

GOLF & FUSSBALLGOLF

Golf ist beinahe Volkssport und alles andere als elitär: legere Klamotten, zwanglose Etikette, entspanntes Putten. Etliche der Golfclubs an der Küste besitzen sogenannte Pay-and-Play-Plätze, auf denen du auch mal eben so eine Runde Golf spielen kannst *(Greenfee ab ca. 100 Kronen)*. Schöne Plätze findest du etwa in *Blåvandshuk (blaagolf.dk)*, auf Dänemarks ältestem Platz (1898) auf *Fanø (fanoe-golfklub.dk)* oder in *Lemvig (lemviggolfclub.dk)*. Infos und alle Plätze unter *golf.dk*. Ziemlich populär ist *Fußballgolf*, der Name verrät schon alles über die Sportart. Plätze gibt es u.a. in *Blåvandshuk (fodboldgolfcenter.dk)*, *Vadum (nordjyskfodboldgolf.dk)*, *Tranum Strand (jbfodboldgolf.dk)* und *Skagen (skagen-fodboldgolf.dk)*.

KANU- & KAJAKFAHREN

Die Au *(Å)* genannten kleinen Flüsse, die ins Meer bzw. die Fjorde münden, sind herrliche Paddelreviere. Kanu- und Kajakverleihe gibt es z.B. an der *Vidå bei Tønder (vidaa-kano.dk)*, an der *Ribe Å bei Ribe (vejen-fodboldgolf.dk)*, an der *Brede Å bei Løgumkloster (tohytt.dk)*, an der *Ryå bei Aabybro (fdfkano.*

dk) oder an der *Uggerby Å bei Hjørring (uggerby-kanofart.dk)*. Kanus und Kajaks für Touren auf dem Limfjord kannst du z. B. übers Touristbüro in Nykøbing Mors oder in Gjøl Havn bei Aabybro mieten.

REITEN

Welcher hippophile Mensch möchte nicht mal am Meer entlang galoppieren, durch spritzende Gischt und stiebenden Sand … auf dem festen Strand der Nordseeküste kein Problem! Reiterhöfe bieten Ausritte am Strand mit Islandpferden oder Shetlandponys an: auf Rømø das *Islændercenter Kommandørgården (kommandoergaarden.dk)*, in Ho die *Stutteri Vestmose (stutteri-vestmose.dk)*, in Nymindegab, Nr. Nebel und Blåvand der Reitstall *Havhesten (havhesten-nymindegab.com)* und das *Nymindegab-Ridecenter (nymindegab-ridecenter.dk)*, in Blokhus das *Blokhus-Ridecenter (blokhus-ridecenter.dk)*, in Skallerup bei Lønstrup das *Skallerup Ridecenter (skallerup.dk)*, das auch Kinderreiten anbietet, und in Skagen der Reitstall *Langagergaard (tur-ridning.dk)*.

SCHWIMMBÄDER

In den Städten, den größeren Badeorten sowie in den Ferienparks und -centern gibt es Erlebnisbäder mit allem Pipapo – oft mit angeschlossenem Spa, mit Saunen oder Thermalbad. Eine Auflistung aller Erlebnis- und Hallenbäder findet sich unter *livredning.dk/haller*

Etwas erfrischend Schönes sind die von Juni bis August geöffneten *havnebader* wie z.B. das in Nr. Vorupør (s. S. 89) –

Weiter Himmel, Meer und Sand unter den Hufen: glückliche Reiter am Havneby Strand

Strandbäder mit Meeresanschluss, aber ohne Brandung, könnte man sagen.

SEGELN

Segel setzen geht am besten auf dem *Ringkøbing Fjord* und vor allem auf dem *Limfjord*: 19 Marinas und Segelhäfen kann man zwischen Thyborøn und Aalborg anlaufen. Menschen mit Segelschein können in Hvide Sande oder Thyborøn ein Boot mieten. Segeln ist übrigens auch auf dem unteren Teil der Ribe Å möglich. Infos und Marinas unter *dansksejlunion.dk*

SEGELN & SURFEN AN LAND

Vieles, was auf dem Wasser möglich ist, geht natürlich auch auf Sand – und noch einiges mehr an rasanter sportiver Fortbewegung: Fürs Surfen und Segeln auf dem Trockenen sind die breiten Strände auf Rømø und Fanø die besten Reviere, aber auch auf dem Festland, z.B. in Børsmose Strand oder Henne Strand, kannst du Kurse mit Kitebuggy oder Blokart buchen *(kitesyd.dk, fanoeblokart.dk)*. Während Blokart-Kurse auch für Kids angeboten werden, ist das traditionelle Strandsegeln eine echte Herausforderung und erfordert Übung *(ourstuff.dk)*. Und was gibt's sonst noch? Du kannst ein- und mehrtägige Anfängerkurse im Kitewing-Fahren, im Beachboarding und im Kite Landboarding buchen – die Touristinfos geben Auskunft.

SURFEN, KITESURFEN, WINDSURFEN & SUP

Man nannte es einst Wellenreiten: Das klassische Surfen hat seinen dänischen Hotspot in „Cold Hawaii", also Klitmøller. Aber auch in Hvide Sande, Thorsminde und Agger, Hanstholm, Nr. Vorupør und Løkken kannst du dich aufs Brett legen, rauspaddeln und von den Brandungswellen zurück an den Strand tragen lassen. Mittlerweile beliebter ist das spektakulärere Kitesurfen, das du in den oben genannten Orten ebenfalls ausüben kannst. Kurse, Board- und Foilverleih z.B. unter *westwind.dk, northshore surf.dk, coldhawaiisurfcamp.com, kite syd.dk*.

Der Ringkøbing Fjord, der Nissum Fjord und der Limfjord sind ideale Reviere fürs Windsurfen und Stand-up-Paddeln. Dank fehlender Brandung und nicht so stark wehenden Winds sind sie an vielen Stellen auch bestens für Anfänger geeignet. Besonders familientauglich: *Bork Havn* im Süden des Ringkøbing Fjords; ebenfalls sehr anfängerkompatibel: *Krik Vig* in der Nordwestspitze des Limfjords bei Vestervig und quasi um die Ecke der Flade Sø nördlich von Agger sowie *Cold Hawaii Inland (short.travel/nsd1)* mit Spots in Thisted und Vildsund. Das trendige Wingsurfen und Wingfoilen kann man z.B. im Fjord gleich westlich von Ringkøbing lernen, auf der *Surffarm (surffarm.dk)*. Wer auf dem Meer surfen will, findet an der gesamten Küste Spots – von der Ho-Bucht im Süden bis zur Tannis-Bucht im Norden. Örtliche Touristinfos geben Auskünfte über Kursanbieter und Equipmentverleih. Übrigens: Ohne Schwimmweste darf man in Dänemark nicht aufs Brett; es droht ein Bußgeld!

INSIDER-TIPP
Windsurfen zwischen Wildenten

DIE REGIONEN IM ÜBERBLICK

Skagen
Hirtshals
Ålbæk
Hjørring
DER NORDEN S. 98
Aalborg
Beliebte Badeorte und das Licht des Nordens
SVERIGE
Aalborg Bugt
KATTEGAT
Wilde Brandungswellen und ein Nationalpark
Sejerø Bugt
Store Bælt
Historische Handelsstädte und traumhafte Inselstrände
Lille Bælt
Langeland Bælt

DER SÜDEN

GRÜNES LAND UNTER HOHEM HIMMEL

Wenn Hunderttausende Stare im Frühjahr und Herbst eine Flugshow vorführen, bevor sie ihre Schlafplätze aufsuchen und am Abendhimmel über der Tøndermarsch absolut synchron wolkenähnliche Formationen kreieren, dann spricht man von der *Sort Sol*, der „Schwarzen Sonne", dem wohl spektakulärsten Naturschauspiel, das die Region am Wattenmeer zu bieten hat.

Doch natürlich sind Vogelschwärme, die einem den Blick auf den Sonnenuntergang verstellen, nicht die einzige Attraktion im Süd-

So charmant und schnuckelig ist Ribe, Dänemarks älteste Stadt

westen Jütlands: Im flachen, weiten Land strahlen die hübschen alten Handelsstädte Tønder und Ribe, hineingesetzt in die grüne, von Auen durchzogene Marsch, entspannte dänische Lebensart aus. Modern hingegen die geschäftige Hafenstadt Esbjerg am Rand des Nationalparks Vadehavet. Hier legt auch die Fähre zur kurzen Überfahrt auf die beschauliche Wattenmeerinsel Fanø ab, deren größere Schwester Rømø durch einen Damm mit dem Festland verbunden ist.

DER SÜDEN

MARCO POLO HIGHLIGHTS

★ **DET GAMLE APOTEK**
Im Untergeschoss der Alten Apotheke in Tønder ist ganzjährig Weihnachten
➤ S. 43

★ **MØGELTØNDER**
Eine bildhübsche Dorfstraße und ein Prinzenschloss mit Park ➤ S. 44

★ **SØNDERSTRAND**
Rømøs Südstrand ist ein spitzenmäßiges Terrain für Kitebuggys, Blokarts, Strandsegler ➤ S. 46

★ **MARSK TÅRNET**
Spektakulär die Architektur, grandios der Weitblick vom Marschturm ➤ S. 46

★ **ALTSTADT RIBE**
Gemütliche Gassen und denkmalgeschützte Häuser rund um die mächtige Domkirke ➤ S. 46

★ **VADEHAVSCENTRET**
Zeitgemäßer als in diesem Wattenmeerzentrum kann einem die Wunderwelt des Watts nicht nahegebracht werden
➤ S. 49

★ **SØNDERHO**
Fanøs Perle und ohne Frage eines der schönsten Dörfer Dänemarks ➤ S. 53

NORDSEE

7.5 km
4.66 mi

Westerland

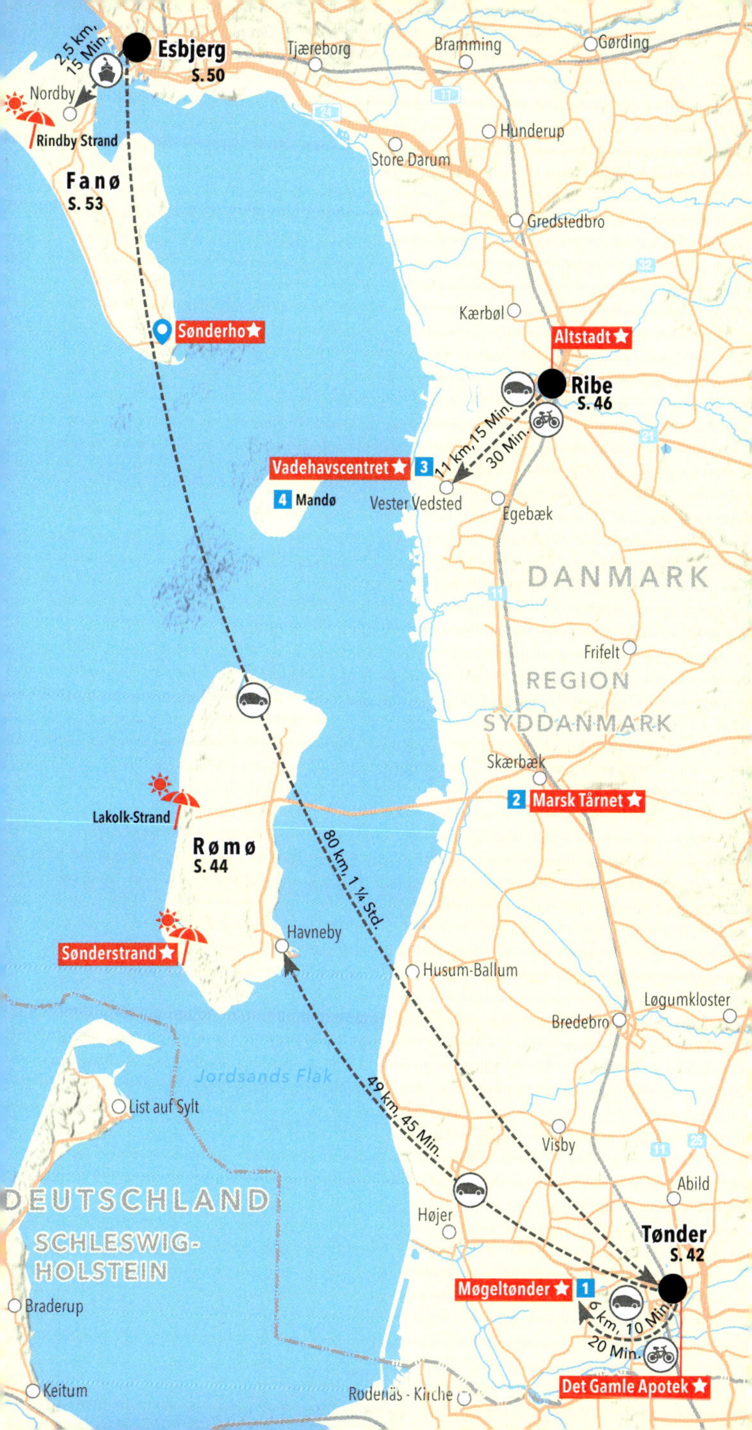

Esbjerg
S. 50
2,5 km, 15 Min.
Nordby
Rindby Strand
Fanø
S. 53
Sønderho
Tjæreborg
Bramming
Gørding
Hunderup
Store Darum
Gredstedbro
Kærbøl
Altstadt
Ribe
S. 46
11 km, 15 Min.
30 Min.
Vadehavscentret
3
4 Mandø
Vester Vedsted
Egebæk
DANMARK
Frifelt
REGION
SYDDANMARK
Skærbæk
2 Marsk Tårnet
Lakolk-Strand
Rømø
S. 44
80 km, 1 ¼ Std.
Havneby
Sønderstrand
Husum-Ballum
Løgumkloster
Bredebro
Jordsands Flak
List auf Sylt
49 km, 45 Min.
Visby
Abild
Højer
DEUTSCHLAND
SCHLESWIG-HOLSTEIN
Tønder
S. 42
Møgeltønder
1
6 km, 10 Min.
20 Min.
Braderup
Det Gamle Apotek
Keitum
Rodenäs - Kirche

TØNDER

(🕮 F22) **Durch die grenznahe Lage ist Tønder (7500 Ew.) ein beliebtes Ausflugsziel (besonders im Advent) für norddeutsche Dänemark-Fans.** Tønder stand über die Jahrhunderte hinweg mal unter deutscher, mal unter dänischer Herrschaft, erhielt 1243 als einzige dänische Stadt das Lübische Stadtrecht und wurde erst 1920 endgültig dänisch.

In der Stadt führen alle Wege – so auch die von schmucken Barockhäusern gesäumte Fußgängerzone *Østergade-Storegade-Vestergade* – zum Torvet, dem Marktplatz mit der obligatorischen *pølser*-Bude und der farbenfrohen Statue des *Kagmanden*, des einstigen Ordnungshüters der Stadt. Gleich hinterm Torvet lehnen 14 große, restaurierte Grabplatten an den Mauern der 1592 geweihten Kristkirke. *romo-tonder.dk, toender.dk*

SIGHTSEEING

DRØHSES HUS

Warum Tønders Kaufleute einst durch das Handwerk des Spitzenklöppelns reich wurden, illustriert dieses kleine Museum in einem hübschen historischen Backsteinhaus samt kunstvoll angelegtem kleinem Garten. Wie bescheiden dagegen die Klöpplerinnen einst gewohnt haben, kannst du dir um die Ecke in der romantischen Uldgade anschauen, einer der schönsten Gassen Tønders. *Di–Fr 11–17, Sa 10–14 Uhr, Juni–Aug. auch Mo | Eintritt 50 Kronen | Storegade 14 | msj.dk | ⏲ 45 Min.*

INSIDER-TIPP
Die Straße der Klöpplerinnen

MUSEUM SØNDERJYLLAND

Museumsensemble aus drei Gebäuden und dem markanten Wasserturm: Das *Kunstmuseet i Tønder* zeigt nordeuropäische Malerei und die berühmten Stühle des Designers H. J. Wegner. Die Abteilung *Kulturhistorie Tønder* widmet sich dem Kunsthandwerk in Südjütland: Silberschmiedearbeiten, Klöppelspitzen und Möbel. Das *Pumpenhaus* dient u. a. als Konzertraum. Ein Café inklusive Museumsshop gibt's auch. *Tgl. 10–17 Uhr, Nov.–März Mo geschl. | Eintritt 105 Kronen | Wegners Plads 1 | msj.dk | ⏲ 2 Std.*

SKULPTURHAVEN

Gleich südlich der Shopping- und Schnabuliermeile findest du eine Oase der Ruhe: Entlang des Flüsschens Vidå, das hier zu einem Teich verbreitert wurde, hat man einen Skulpturengarten mit einer Holzpromenade und einer „schwebenden" Brücke geschaffen, der zum Abend stimmungsvoll beleuchtet wird. *Søndergade*

INSIDER-TIPP
Kunst im Grünen

ESSEN & TRINKEN

VICTORIA

Treffpunkt am Torvet: Kneipe, Cafébar und Restaurant in einem. Tapas, Salate und *smørrebrød*-Variationen für den kleinen Hunger, Pasta, Burger und Steaks für den großen. *So–Do 11–22, Fr/Sa 11–2 Uhr | Storegade 9 | Tel. 74 72 00 89 | victoriatoender.dk | €–€€*

Nach bewegter Vergangenheit heute eindeutig dänisch: Tønder zeigt Flagge

HOSTRUPS RESTAURANT

Hotelrestaurant mit ambitionierter, feiner Küche. Es lohnt sich unbedingt, hier das Dreigangmenü aus regionalen Produkten zu ordern! *Tgl. 12–15 u. 17.30–21 Uhr | Søndergade 30 | Tel. 74 72 21 29 | hostrups-hotel.dk | €€€*

SHOPPING

DET GAMLE APOTEK ★

Gegründet 1671, gibt es in der „Alten Apotheke" längst keine Pillen und keine Salben mehr, doch dafür alles, was man nicht braucht, aber aus dem Urlaub gern mitbringt: Kerzen, Deko, Karten, Kunsthandwerk. Im Keller warten Weihnachtswichtel das ganze Jahr auf Liebhaber – und ab Oktober verwandelt sich der Laden sukzessive in ein funkelndes Weihnachtshaus. *Mo–Fr 10–17.30, Sa 10–16 Uhr | Østergade 1 | det-gamle-apotek.dk*

HORNVAREFABRIKKEN

Du glaubst gar nicht, was man aus einem profanen Rinderhorn alles herstellen kann, wenn man nur kreativ genug ist! Puristen bevorzugen das althergebrachte Trinkhorn und befüllen es mit Met. Filialen in Ribe, Blåvand und Ringkøbing. *Mo 11–17.30, Di–Fr 10–17.30, Sa 10–14 Uhr | Storegade 16 | hornvarefabrikken.dk*

AUSFLÜGE & TOUREN

SORT SAFARI

Wenn du sichergehen willst, das spektakuläre Schauspiel der „Schwarzen Sonne" (s. S. 38) aus den besten Perspektiven zu erleben: Schließ dich einer geführten 3- bis 4-stündigen Tour des Outdoor-Veranstalters an, im eigenen Auto oder per Bus. *235–245 Kronen | Slotsgaden 19 | Møgeltønder | Tel. 73 72 64 00 | sortsafari.dk*

RUND UM TØNDER

1 MØGELTØNDER ★

6 km westl. von Tønder/10 Min. über die 419 (Auto)

Der verträumte Ort (800 Ew.) besitzt eine der schönsten Dorfstraßen Dänemarks: Reetgedeckte Backsteinhäuschen mit Rosenstöcken davor säumen die katzenkopfgepflasterte Slotsgaden. Im *Schackenborg Slot (tgl. | Slotsgaden 42 | schackenborg.dk)* aus dem 17. Jh. residierte Prinz Joachim von Dänemark mit Familie, bis das Schloss einer Stiftung übergeben wurde. Den Park und einige Räume des Schlosses besichtigst du bei einer *Führung (Buchung über die Website | 150 Kronen/60 Min.)*. Stilvoll-romantisch speist du im *Herskabsstalden (€€)* oder du schlemmst fürstlich im *Slotskro (€€€)*. | E22

RØMØ

(D20–21) **Die Insel Rømø mit ihren 560 Ew. erreicht man auf zwei Arten: über den 9 km langen Straßendamm zum Festland oder mit der Fähre von List auf Sylt *(frs-sylt faehre.de)*.**

Das Schiff legt in Havneby an, dem Hafen und größten Ort der 130 km² großen Insel. Ein knapp 19 km langer, bis zu 4 km breiter Strand – der breiteste Nordeuropas –, ein Dünengürtel mit Strandseen, Heide, Nadelwald und Weideland malen von West nach Ost das insulare Bild. In dieser Landschaft liegen bildschöne alte Höfe, die kleinen Inselgemeinden und viele Ferienhaussiedlungen. Der Norden der Insel ist militärisches Übungsgebiet, doch Rømø ist groß genug und hat alles, was das Touristenherz begehrt. *romo-tonder.dk, roemoe.de*

Hat da jemand das Wasser abgelassen? Windsurfen auf Rädern am Lakolk Strand

SIGHTSEEING

NATIONALMUSEET KOMMANDØRGÅRDEN

Das Museum im prachtvollen Hof einer Kapitänsfamilie (1784) verzaubert durch die opulente Ausstattung – gekachelte Wände, bemalte Decken, geschnitzte Möbel, wertvolles Porzellan. Unter dem Dach der Scheune hängt das Skelett eines Pottwals. *Mai Di–So 10–15, Juni–Sept. 10–17 Uhr | Eintritt 60 Kronen | Juvrevej 60 | Toftum | museumkommandoergaarden.dk | 1 Std.*

NATURCENTER TØNNISGÅRD

Interessante und interaktive Ausstellung zu Flora und Fauna der Insel, zum Wattenmeer und Walfang. Dazu: Wattwanderungen, Bernsteinschleifen, Kutschfahrten. *April–Okt. Mo–Fr 10–16 Uhr, Juli/Aug. auch So | Eintritt 22, Kinder 11 Kronen | Havnebyvej 30 | Kongsmark | tonnisgaard.dk | 1 Std.*

SCT. CLEMENS KIRKE

Gleich acht sogenannte Votivschiffe hängen von der Decke der um 1200 errichteten Kirche: Dankesgaben für erfolgreiche Walfangfahrten oder Rettung aus Seenot. Auf dem Friedhof stehen in Reihe die *kommandørstenene*, die großen, verzierten Grabsteine der Walfängerkapitäne. *Havnebyvej 152 | Kirkeby | sctclemensromo.dk*

ESSEN & TRINKEN

HATTESGARD CAFÉ-ANTIK

Auf zur Tortenschlacht! Eine Tasse frisch gemahlenen Kaffees und dazu kunterbunte, mit Blüten dekorierte Kuchenstücke, köstlich und gehaltvoll. Himmlisch! Du genießt entweder drinnen zwischen Souvenirs und Dekokram oder im Garten mit Blick aufs Wattenmeer. *Tgl. 11–17.30 Uhr | Hattesvej 17 | Tvismark | Tel. 73 75 52 11 | hattesgaard.dk*

OTTO & ANI'S FISK

Fischgeschäft und „Fisketeria": Hier kommt alles superfrisch über den SB-Tresen. Isst du zu zweit, solltest du die warm-kalte „Luksus Platte" oder gar die „Rømø Platte" bestellen. Die hausgemachten Fischfrikadellen sind erstklassig, der selbst geräucherte Fisch ebenso. *Tgl. 11–19 Uhr | Havnepladsen 4 | Havneby | Tel. 22 44 53 06 | ottooganisfisk.dk | €–€€*

RESTAURANT DIGET

Das Restaurant im Enjoy Resort steht für saisonale Küche ohne viel Chichi. Mittwochs von 18 bis 20 Uhr gibt es die *onsdagsklassikeren* wie Wiener Schnitzel oder Labskaus für 150 Kronen. *Tgl. 18–21, So 8–11 Uhr Brunchbüfett | Vestergade 31 | Havneby | Tel. 73 32 33 24 | restaurant-diget.dk | €€*

STRÄNDE

Am überaus beliebten und belebten *Lakolk Strand* hat sich eine besondere Variante des Strandlebens herausgebildet: Viele Dänen fahren mit ihren Autos vom Festland in einem Rutsch bis beinahe an die Wasserkante. Pfähle kennzeichnen die Bereiche, in denen man nicht parken darf.

Im Inselsüden ist der Strand am breitesten, daher sind am ★ *Sønderstrand* Areale für Strandsegler und Kitebuggyfahrer ausgewiesen, abseits derer findet man aber auch immer ein ruhiges Plätzchen zum (Sonnen-)Baden.

RUND UM RØMØ

2 MARSK TÅRNET ★

12,5 km östl. von Rømø/10 Min. ab der Kreuzung Vesterhavsvej/ Havnebyvej (175) (Auto)

Am Damm zur Insel schraubt sich der 25 m hohe Marschturm in spektakulärer Architektur aus rostfarbenem Cortenstahl auf eine Gesamthöhe von 36 m über Wiesen und Watt empor. Nach 146 Stufen kannst du ganz weit gucken. Im *Restaurant Marsk (saisonal stark wechselnde Öffnungszeiten, s. Website | €€)* werden regionale Spezialitäten wie Marsch-Lamm mit Roter Bete und Morchelsauce serviert. Im *Ishus* kommt original italienisches Eis in die Tüte. *Saisonal stark wechselnde Öffnungszeiten, s. Website | Eintritt Turm 90 Kronen | Hjemstedvej 60 | Skærbæk | Tel. 72 18 67 80 | marskcamp.dk* | *E20*

RIBE

(E19) **Schon die weithin sichtbare Landmarke des klotzigen, 52 m hohen Bürgerturms des Doms macht unmissverständlich klar: Ribe (8260 Ew.) ist etwas Besonderes!** Die älteste Stadt Dänemarks verdankt ihren wunderbar nostalgischen Reiz einer glanzvollen Vergangenheit: 860 wurde hier die erste christliche Kirche Skandinaviens errichtet, ab dem 12. Jh. war der Ort Bischofssitz und Königsresidenz, das Stadtrecht erhielt Ribe im 13. Jh. Doch Sturmfluten im 14. und 17. Jh., diverse Kriege und die Verlandung des Hafens an der Ribe Å ließen die einst so reiche Handelsstadt ausbluten. Unter anderen die *Sturmflutsäule* an der Skibbroen, die Fundamente des Schlosses auf der *Riberhus Slotsbanke* nordwestlich der Altstadt und die Fischerhäuschen an der *Fiskergade* sind stumme Zeitzeugen. Letztere sind, wie das gesamte Stadtensemble, so gut erhalten, dass Ribe 2022 zur „schönsten Kleinstadt Dänemarks" gewählt wurde. *vadehavskysten.de*

SIGHTSEEING

ALTSTADT ★

Ja, du bist noch im 21. Jh. und nicht im Mittelalter: Kopfsteingepflasterte Gassen begrüßen dich, gemütliche Fachwerkhäuschen mit bunten Türen, Kneipen, Lokale, kleine Läden, der mächtige Dom und das Alte Rathaus. Von den etwa 600 Häusern der Altstadt sind 109 denkmalgeschützt, ca. 130 weitere von „hohem Erhaltungswert" – das ist einmalig. In einem Café am Torvet zu Füßen des Doms, auf dem *Bauernmarkt (Mi 8–15 Uhr)* an der Skibbroen oder einfach beim Bummeln inhalierst du die entspannte, *hyggelige* Atmosphäre der Stadt.

DOMKIRKE

Baubeginn war um 1150, hundert Jahre später war er fertig, der fünfschiffige romanische Dom, der eigentlich *Vor Frue Kirke (Marienkirche)* heißt. Er besitzt zwei unterschiedliche Türme: den spitzen Marienturm und den 52 m hohen Borgertårnet (Bürgerturm), der statt einer Spitze eine Aussichtsplattform hat – nach 248 Stufen liegen dir Ribe und die Marschlandschaft zu Füßen. Drinnen im Dom ist vor allem der farbenprächtig ausgestaltete Chorraum interessant, ein 1983–87 entstandenes Kunstwerk von Carl-Henning Pedersen, einem Mitglied der Avantgarde-Kunstbewegung CoBrA. Das Domkirchenmuseum liegt in der Südgalerie. *Mai–Sept. Mo–Sa 10–17, Juli–Mitte Aug. bis 17.30, April/Okt. 11–16, Nov.–März 11–15, So ganzjährig ab 12 Uhr | Eintritt frei, Turm und Museum 25 Kronen | ribe-domkirke.dk, domkirkemuseetribe.dk | 1½ Std.*

INSIDER-TIPP
Kirchenkunst mal ganz anders

RIBE KUNSTMUSEUM

Einzigartige Ausstellung dänischer Malerei von 1750 bis 1950, präsentiert in einer prächtigen Villa. Natürlich dürfen da auch Werke der Skagen-Maler (s. S. 23) nicht fehlen. *Sept.–Juni Di–So 11–16, Juli/Aug. tgl. 11–17 Uhr | Eintritt 80 Kronen | Sct. Nicolaj Gade 10 | ribekunstmuseum.dk | 1 Std.*

MUSEET RIBES VIKINGER

Ribe zu Zeiten der Wikinger und im Mittelalter: Wie man damals lebte, wird anhand von Schautafeln, Dioramen und Fundstücken gezeigt, du spazierst zwischen einem Wikingerschiff, Marktständen und Dombaustelle. Die Ausstellung „Stadt der Wikinger" zeigt jüngste Ausgrabungsfunde aus Ribe. *Juli/Aug. tgl. 10–17, Sept./Okt. tgl. 10–16, Nov.–Juni Di–So 10–16 Uhr | Eintritt*

WATTWANDERER-GUIDE

Das Watt ist gefährlich! Brich also nie allein, ohne Uhr und Kenntnis der Hoch- und Niedrigwasserzeiten zur Wanderung auf. Besorg dir bei der Touristinformation einen Gezeitenkalender *(hjøvandskalender)* und erkundige dich nach den besten Routen. Priele führen eine mitunter äußerst starke Strömung!

Tritt eine Wattwanderung nur bei ruhigem Wetter und klarer Sicht und niemals bei auflaufendem Wasser an, die ideale Zeit ist zwei Stunden vor Niedrigwasser. Rechne auch die Zeit für den Rückweg ein! Beachte die Wettervorhersage – das Wetter kann am Meer sehr schnell umschlagen. Gewitter sind lebensgefährlich, denn Wasser und erhöhte Punkte ziehen Blitze an. Ein Kompass kann bei plötzlichem Nebel Leben retten. Nimm geeignete Kleidung mit: Bei Sonne lauern Sonnenbrand oder -stich, bei starkem Wind kühlst du schnell aus. Melde dich unbedingt vor einer Wattwanderung ab – oder mach sie nur mit einem Führer, das ist am sichersten.

Früher königlich, heute gemütlich: Ribe mit seinem Hafen an der flachen Ribe Å

85 Kronen, Kinder frei | Odins Plads 1 | ribesvikinger.dk | 1½ Std.

VIKINGECENTER

Den Alltag der Nordmänner in den Jahren 710 bis 980 erlebst du im Wikingerdorf Ripa im Maßstab 1:1 nach, etwa auf dem Markt, im Hafen oder in St. Ansgars Kirche. Dazu gibt´s Mitmachaktionen und Vorführungen. *Ende April–Okt., stark schwankende Öffnungszeiten, s. Website | Eintritt 145, Kinder 75 Kronen | Roagervej 129 | ribevikingecenter.dk | 2–3 Std.*

ESSEN & TRINKEN

WEIS STUE

Historischer Krug von ca. 1600, entsprechend rustikal-gemütlich ist das Ambiente im Gastraum. Draußen isst man mit Blick auf den Dom dänisch-gutbürgerlich: Scholle oder kalt-warme Fischplatte, Rinderfilet oder Kalbsleber. *Tgl. 11.30–22 Uhr | Torvet 2 | Tel. 75 42 07 00 | weisstue.dk | €–€€*

RESTAURANT KOLVIG

Ebenso fein wie *hyggelig*. Nordische trifft auf klassische französische Küche: „Kolvigs surf and turf" ist Kalbsbrust mit Garnelen, Schalentiersauce und eingelegten Artischocken. Beim Genießen schaust du auf die Ribe Å. *Mitte Juli–Mitte Aug. tgl. 11.30–21 Uhr, sonst Di–Do 11.30–20.30, Fr/Sa 11.30–21 Uhr | Mellemdammen 13 | Tel. 41 82 37 27 | kolvig.dk | €€€*

SÆLHUNDEN

Traditionsrestaurant mit erstklassigen Fisch- und Meeresfrüchtegerichten samt einer Spezialität Südwestjütlands: *bakskuld*, gesalzene, luftgetrocknete und geräucherte Kliesche, in der Pfanne gebraten, dazu Roggenbrot

INSIDER-TIPP
Plattfisch, dreifach konserviert

und Remoulade. *Tgl. 11–22 Uhr | Skibbroen 13 | Tel. 75 42 09 46 | saelhunden.dk | €€*

SHOPPEN

ARTIZAN

In der kleinen Kunsthandwerksgalerie ist für alle was dabei: von Gemaltem bis zu Getöpfertem, von Gestricktem bis zu Geschnitztem, von Schmuck bis zu Taschen und handgemachten Bürsten. *Mo–Fr 12–17, Sa/So 10–15 Uhr | Nederdammen 35 | artizan.dk*

TEMPER

INSIDER-TIPP
Jeder Schokokuss ein Hochgenuss!

Im Tresen lauert eine zu jeder Jahreszeit neue Kollektion handgemachter Pralinen. Ein süßer Hammer sind die ganz besonderen *flødebøller* (Schokoküsse) in verschiedenen Sorten. Die probierst du im zugehörigen Café, ebenso wie hausgemachtes Eis und Sorbet, vorzügliche Kaffee- und Teesorten und exquisite Trinkschokolade. *Mo–Fr 11–17.30, Sa 10–16 Uhr | Saltgade 2 | temperchokolade.com*

FÜHRUNGEN

1- bis 1½-stündige *Altstadt- und Domführungen (auf Englisch | 100 Kronen | Termine: vadehavskysten.de)* starten am Alten Rathaus. Die kostenlose *Nachtwächtertour (Mai–Okt. tgl. 20, Juni–Aug. auch 22 Uhr | auf Englisch | 45 Min.)* startet am Torvet vorm Restaurant Weis Stue. Du willst die Stadt auf eigene Faust erkunden? Den Flyer „Stadtwanderung" gibt es u. a. bei der *Touristinfo am Dom (Torvet 3)* oder als Download *(vadehavskysten.de)*.

RUND UM RIBE

3 VADEHAVSCENTRET ★

12 km südwestl. von Ribe/15 Min. über 11 und Vest Vedsted Vej (Auto)

Holz, Glas und Reet: Schon der flache, moderne Bau ist ein Hingucker und fügt sich harmonisch in die ebene Landschaft ein. Der Schwerpunkt „Das Wattenmeer der Zugvögel" informiert auf 1000 m² Ausstellungsfläche anschaulich, zeitgemäß und innovativ über Landschaft, Fauna und Flora. Und die Schau „Erzählungen vom Wattenmeer" illustriert das Leben der Marschbewohner am und mit dem Meer. Das Zentrum bietet auch Touren wie Wattwanderungen, Seehund- oder Austernsafaris an. Mit Café und Shop. *Mai–Okt. tgl. 10–17, Nov., Feb.–April tgl. 10–16 Uhr | Eintritt 140, Kinder 50 Kronen | Okholmvej 5 | Vester Vedsted | vadehavscentret.dk | 1½ Std. | F19*

4 MANDØ

20 km südwestl. von Ribe, 40 Min. über 11 und Vest Vedsted Vej (Auto)

Auf das 7,6 km² kleine Wattenmeerinselchen Mandø (31 Ew.) kommst du zwar mit dem Auto, aber nur mit genauester Kenntnis der Gezeiten: Die 7 km lange Schotterpiste wird täglich zweimal überflutet. Besser also den Traktorbus nehmen, das macht mehr

Spaß: Der rot-blaue *Mandø Bus (75 Kronen inkl. Rückfahrt | Zeiten und Ticketreservierung (Juni–Aug. erforderlich): mandoebussen.dk)* startet am Vadehavscentret zur 40-minütigen Reise. Im einzigen Inseldorf *Mandø By* kannst du dir die Kirche (1639), die Windmühle (1832) und die Ausstellung zur Inselgeschichte im *Mandøcenter* ansehen, bevor du dich ins Café *Mandøpigen (April–Okt. tgl. 10–16 Uhr | Tel. 75 44 64 34 | bb-mandoe.dk | €)* setzt, für einen Apfelkuchen oder eine „Marsk og Havplatte" (probieren!). *D19*

ESBJERG

(D18) **Alle Wege führen zum Hafen. Er prägt die moderne 72 000-Ew.-Stadt und verschafft ihr allseits sichtbaren Wohlstand.**

Ist er doch der nordeuropäische Knotenpunkt für den Gütertransport, für die Öl- und Gasindustrie und den Transport von Offshore-Windanlagen. Esbjerg ist aber ebenso ein kulturelles Zentrum, das beweisen u. a. das *Musikhuset* und das *Kunstmuseum im Stadtpark*, in deren Mitte auf dem Torvet König Christian IX. hoch zu Ross thront. Esbjergs Straßennetz ist rechtwinklig angelegt – hervorragend siehst du das vom Wasserturm aus. Nicht ganz so hoch wie der *Vandtårn* ist das zweite Wahrzeichen der Stadt, das Skulpturensemble *Mennesket ved Havet* („Der Mensch am Meer") von Svend Wiig aus dem Jahr 1994: Vier 9 m hohe Figuren sitzen am Strand im Norden der Stadt und schauen aufs Meer hinaus, scheinbar ganz im Einklang mit sich und der Natur. Bei klarem Wetter sind die strahlend weißen Sitzriesen noch aus 10 km Entfernung sichtbar. *vadehavskysten.de*

SIGHTSEEING

ESBJERG KUNSTMUSEUM

Umfangreiche Sammlung moderner Kunst von 1920 bis heute, mit Werken der wichtigsten dänischen Künstler des 20. Jhs., aber auch Grafik internationaler Kunststars. Tolles Extra: Im offenen Magazin machen herausziehbare Stellwände alle nicht gerade ausgestellten Werke für jedermann zugänglich. Kunst wird riechbar in der Duftinstallation „Wittgensteins Garten" und fühlbar bei „Sehen mit den Händen". Außerdem: Skulpturengarten, Shop und Café. *Di–So, Juli/Aug. auch Mo 10–16 Uhr | Eintritt 80 Kronen | Havnegade 20 | eskum.dk | 2 Std.*

VANDTÅRN

Vom Wasserturm im Stadtpark lässt du den Blick aus 36 m Höhe über die Stadt und die Hafenanlagen bis nach Fanø und Ribe schweifen. *Mai–Okt. Sa/So, Ende Juni–Anfang Aug. auch Di–Fr 10–16 Uhr | Eintritt 20 Kronen | Havnegade 22 | sydvestjyskemuseer.dk*

FISKERI- OG SØFARTSMUSEET

Das Fischerei- und Seefahrtsmuseum zeigt alles über (Hochsee-)Fischerei, Öl- und Gasförderung im Meer und Offshore-Windkraftanlagen. Für viele wohl interessanter: die Fische im Ozeanarium, die Vögel im Wattenmeerpavillon mit Außenanlage und die Seehunde im Sælarium. *Tgl. 10–17, Juli/Aug. bis 18 Uhr | Eintritt 175 Kronen, Kinder frei | Tarphagevej 2 | fimus.dk | ⏲ 2½ Std.*

SÆDDEN KIRKE

Äußerlich unscheinbar, drinnen aber strahlend, und zwar im Wortsinn. In der 1978 vom Architektenehepaar Exner entworfenen Kirche funkeln und leuchten das backsteinrote Kirchenschiff, das glänzende Messing der Kerzenhalter und der weiße Marmor des Altars – dank des durch Oberlichter gebündelten Tageslichts plus 803 von der Decke hängender, nackter Glühbirnen. *Di–Fr 9–13 Uhr | Fyrvej 30 | sæddenkirke.dk*

ESSEN & TRINKEN

POSTHUSET

Im alten Postamt musst du dich entscheiden: Im gemütlichen Restaurant *Posten (Di–Sa 9–23.30 Uhr | Torvet 20 | Tel. 69 13 60 13 | posthuset.dk | €€)* kannst du Salate, Pasta, Steaks und Burger (auch vegane) – im Sommer auch draußen – genießen. Im feinen *Restaurant Loftet (Do–Sa 17–24, Fr/Sa auch 11.30–15 Uhr | Torvet 20 | Tel. 69 13 60 13 | restaurant-loftet.dk | €€€)* solltest du reservieren, um ein drei- bis achtgängiges Menü aus der jahreszeitlich und regional orientierten Speisekarte auszuwählen.

HOTEL BRITANNIA

Auch in diesem schicken Stadthotel hast du die Qual der Wahl: Das legere *Café Appetiit (tgl. 12–23 Uhr | Torvegade 24 | Tel. 75 13 01 11 | appetiit.dk | €–€€)* ist Lounge und Bar mit Bistroküche. Gourmets gehen ins *Restaurant Mundheld (Mo–Fr ab 17.30 Uhr | Torvegade 24 | Tel. 75 13 01 11 | mundheld.dk | €€€)* und wählen aus der kleinen, aber sehr feinen Karte oder ordern das sechsgängige Menü.

Schön aufrecht sitzen und in die Ferne schauen: die Skulptur „Der Mensch am Meer"

SAND'S RESTAURATION

Traditionslokal mit hübsch altmodischer Gaststube, bunt-modernen Gemälden an den Wänden und typisch dänischer Karte von *bakskuld* (gesalzener, getrockneter und geräucherter Plattfisch) bis *gamle ole*: kräftiger, gereifter, aber fettarmer Käse mit Bratensaftgelee und roten Zwiebelringen auf Schmalzbrot. *Mo–Sa 11.30–21 Uhr | Skolegade 60 | Tel. 75 12 02 07 | sands.dk | €€*

INSIDER-TIPP
Durch die Nase ausatmen!

SHOPPEN

Esbjergs Fußgängerzone kann dich 'ne Menge Kronen kosten! Über 200 Geschäfte, Cafés und Restaurants säumen die *Kongensgade*, an deren Ende dann auch noch das mit 60 Läden und Restaurants größte EKZ Westjütlands wartet, das *Broen Shoppingcenter (Mo–Fr 10–19, Sa/So 10–17 Uhr | Exnersgade 20 | broenshopping.dk)*.

Schwungvoll in Form gebracht: Reetdach-Kunst auf Fanø

STRAND

Esbjergs Strand liegt im Badeort *Hjerting (9 km nördlich vom Stadtzentrum, Anfahrt über den Sædding Strandvej)*. Der Strand ist zwar schmal, aber genauso schön wie die schicke, breite Promenade. Im Wasser schwimmen Liegeinseln, und es gibt einen Meerespool. Speisen mit Meerblick kannst du in der *Brasserie Ship Inn (Mo–Fr 11–24, Sa/So 10–24 Uhr | Strandpromenaden 1 | Hjerting | Tel. 75 11 70 00 | hjertingbadehotel.dk | €–€€)*.

AUSGEHEN & FEIERN

DRONNING LOUISE

Aus dem *Bistro (tgl. 10–22 Uhr | €–€€)* am Marktplatz wird am späteren Abend eine Bar mit Musik der 1980er/1990er und am Wochenende ein Nachtklub mit DJs oder Livemusik. *Bar: Mo–Mi 10–24, Do 10–2, Fr 10–4, Sa 10–5, So 10–23 Uhr, Nachtklub: Fr 24–4, Sa 24–5 Uhr | Torvet 19 | Tel. 75 13 13 44 | dr-louise.dk*

SKRÆDDERGÅRDEN

Hyggelige Bar mit guten Cocktails, etlichen Bieren frisch vom Fass und immer mal wieder Livemusik. *Fr/Sa 22–6 Uhr | Skolegade 25 | Tel. 26 45 24 45 | @SkrædderGaarden*

FANØ

(D18–19) **Du willst mal entschleunigen, wirklich runterkommen? Dann bist du auf Fanø genau richtig.**

Nur zwölf Minuten dauert die Fährfahrt von Esbjerg nach *Nordby*, der „Hauptstadt" der 55 km² kleinen Insel, wo die meisten der 3400 Ew. leben. Ein Örtchen mit verwinkelten, von schmucken Häuschen gesäumten Gassen und einer Fußgängerzone mit Cafés und Geschäften aller Art. Weiter südlich liegen die Orte *Rindby* und *Fanø Bad*. Hier und in Rindby Strand gibt es Strandzufahrten, herrscht Badebetrieb in beschaulichen Grenzen. In der Inselmitte führen Wanderwege durch den Wald und die Heide der weitläufigen *Fanø Klitplantage*.

Ganz im Südosten schließlich liegt ★ *Sønderho*, geschmückt mit dem Prädikat „Schönstes Dorf Dänemarks". Mitte des 18. bis Mitte des 19. Jhs. war es ein wichtiger Seefahrtsort für die Westküste, doch längst ist der Hafen versandet. Aber immer noch stehen dicht an dicht die Reetdachhäuser aus dieser Zeit, eines hübscher als das andere. Und am Ortseingang komplettiert die *Sønderho Mølle*, ein Galerieholländer aus dem Jahr 1895, das Bild dieser Dorfschönheit.

Die Fähren der *Fanølinjen (Mitte Juni–Mitte Aug. Fußgänger/Radfahrer 65, PKW inkl. Insassen 479 Kronen, hin und zurück | Dockvej 5 | Esbjerg | fanoelinjen.de)* fahren im Sommer 50-mal täglich. *visitfanoe.dk, vadehavskysten.de*

SIGHTSEEING

FANØ SKIBSFART- & DRAGTSAMLING

In der Fanøer Schifffahrts- und Trachtensammlung illustrieren Schiffsmodelle die Seefahrtsgeschichte der Insel, Dioramen zeigen Nordby und Sønderho im Jahr 1890. Lebensgroße Puppen präsentieren die außergewöhnlich hübsche traditionelle Frauentracht. *April–Okt. Mo–Fr 11–15, Juli/Aug. bis 16.30, April–Aug. auch Sa 10–14 Uhr | Eintritt 40 Kronen | Hovedgaden 28 | Nordby | fanoskibs-dragt.dk | 1 Std.*

FANØ KUNSTMUSEUM

Das feine, kleine Museum zeigt Gemälde von der Mitte des 19. Jhs. bis heute. Vorherrschendes Motiv der Künstler: die Natur auf und um Fanø herum. Interessante Sonderausstellungen. *April–Okt. Di–So 13–17 Uhr | Eintritt 60 Kronen | Nord Land 5 | Sønderho | fanoekunstmuseum.dk | 1 Std.*

SØNDERHO KIRKE

INSIDER-TIPP
Ein Schiff zum Dank

In dem Gotteshaus (1782) solltest du den Blick gen Himmel, also zur Decke richten! Hängen von ihr herab doch sage und schreibe 15 Schiffsmodelle, keine dänische Kirche besitzt mehr. *Mo–Sa 8–18, So 12–18 Uhr | Strandvej 1a*

ESSEN & TRINKEN

FANØ KROGAARD

Küchenchef Kasper Elmholdt achtet aufs Ökologisch-Regionale: Miesmuscheln mit Fenchel, Dorsch mit Apfel

Der Bollerofen gehört zum Gesamtbild: Es ist angerichtet im Sønderho Kro

und Kresse, Varde-Lamm als Ragout im Raviolo. Zur Frühstückszeit (8–10/11 Uhr) reservieren. Schöne Terrasse. *Tgl. 8–24 Uhr | Langelinie 11 | Nordby | Tel. 76 60 00 70 | fanoekrogaard.dk | €€*

RUDBECK´S FANØ

Im „Frokostrestaurant & Delikatesseforretning" (Mittagslokal & Feinkostgeschäft) von Tilde und Claus Rudbeck kannst du regionale Bioprodukte kaufen oder verspeisen: als Sandwich, Burger, *smørrebrød* oder – sehr zu empfehlen – als Tapasplatte. *So–Fr 11.30–16, Sa 11–16 Uhr | Hovedgaden 90 | Nordby | Tel. 30 44 66 11 | rudbecks.dk | €*

FAJANCEN

Pia und Jacob Mortensen setzen auf dänische Bistroküche mit z. B. *bakskuld*, Spitzkohlsalat, Lammkrone und Käseplatte mit Knäckebrot. Guter Kuchen, tolles Eis, *hyggelige* Außenterrasse. *Do 18–22, Fr/Sa 12–22, So 12–16 Uhr | Sønder Land 5 | Sønderho | Tel. 75 16 41 72 | fajancen.dk | €€*

SØNDERHO KRO

Fanøs Vorzeigerestaurant. Erstklassige, jahreszeitlich orientierte regionale Küche, abends als 2- bis 5-Gänge-Menü, mittags auch à la carte. Kreativ sind die Kombinationen: Kaisergranat mit Kürbis und Stout oder Lamm mit Bärlauch und Stachelbeere. Am besten reservieren, auch zum sehr guten Frühstück *(8–10 Uhr). April–Okt. tgl. 12–23 Uhr, Nov.–März s. Website | Kropladsen 11 | Sønderho | Tel. 75 16 40 09 | sonderhokro.dk | €€€*

SHOPPEN

FANØ LYS

Selber Kerzen ziehen, das ist hier der Renner. Daneben gibt es Dekoartikel von geschmackvoll bis gruselig und Delikatessen von Bonbons und Lakritz bis zu Saft und Schnaps. *Tgl. 10–17.30 Uhr | Strandvejen 59 | Nordby | fanolys.dk*

FANØ KERAMIK

Sand, Rotbraun, Meergrün oder Nordseeblau – das sind die Farben, in denen Mette Hübschmann Pettit ihr rustikales Steinzeug brennt. Schlicht und schön. *Mo–Fr 11–17, Sa 11–13 Uhr | Mellemgaden 4 | Nordby | fanøkeramik.dk*

LORENZENS BUTIK

Postkarten, Schmuck, Glasdeko, Fanø-Fliesen, Fotobücher, Fayencehunde („Wally Dugs") und die Schaltücher der Fanø-Tracht (110 x 110 cm) aus Baumwolle und/oder Seide. *Juni–Sept. Di–Sa, Juli/Aug. auch So 13–16 Uhr und s. Website | Nord Land 2 | Sønderho | fondengamlesonderho.dk*

ULDSNEDKEREN

Wolle, Garn, Felle und Fleisch von eigenen und fremden Schafen verkauft Lis Jensen in einem Bauernhaus aus dem Jahr 1741. Außerdem Decken, Pullis, Strümpfe, Mützen und anderes Wolliges. *Di–So 11–14 Uhr | Digevej 7 | Sønderho | uldsnedkeren.dk*

STRAND

12 km lang ist der *Rindby Strand*. Und er wird immer breiter: Bei Fanø Bad sind es derzeit 700 m. Nördlich von Fanø Bad wird er gar zur bis zu 1,5 km breiten Sandwüste *Søren Jessens Sand*. Beste Bademöglichkeiten zwischen Fanø Bad und Rindby Strand, weiter im Süden ist Strandsegler-Revier.

TOUREN

Zweistündige Schiffstouren mit der MS „Martha" führen zu den Seehundbänken nördlich von Fanø oder nach Esbjerg zu einer spannenden Hafenrundfahrt. *März–Okt. ab Nordby Marina | Ticket 200, Kinder 100 Kronen | marthasonderho.dk*

AUSGEHEN & FEIERN

FANØ BRYGHUS

17 verschiedene Biersorten warten im „Brauhaus" darauf, probiert (oder flaschenweise gekauft) zu werden. Im Sommer am besten auf der großzügigen Terrasse. *Mo/Di 12–18, Mi–Fr 12–22, Sa/So 11–22 Uhr | Strandvejen 5 | Nordby | fanøbryghus.dk*

SCHÖNER SCHLAFEN IM SÜDEN

GEHE IN DAS GEFÄNGNIS …

… begib dich direkt dorthin, und zwar in eine der 11 wohnlichen Zellen des ehemaligen Knasts und heutigen Hotels *Den Gamle Arrest (Torvet 11 | Ribe | Tel. 75 42 37 00 | dengamlearrest.dk | €€)*. Es gibt solche mit und ohne Bad, außerdem ein Restaurant mit Innenhof.

GLANZVOLL ZELTEN

So geht Glamping in der Marsch: in den 9 komfortabelst ausgestatteten Zelten mit Terrasse und eigenem Bad von *Marsk Camp (Hjemstedvej 60 | Skærbæk | Tel. 72 18 67 80 | marskcamp.dk | €€)*.

DIE MITTE

STRÄNDE, FJORDE, FISCHERHÄFEN

Strände ohne Ende. Landeinwärts Dünen und Heide mit reichlich Platz für Ferienhäuser – mehr stehen in keiner anderen Region Dänemarks.

In deren Süden liegt Blåvandshuk, der westlichste Punkt des Landes und ein touristischer Hotspot. Zwischen Nymindegab an der Südspitze des Ringkøbing Fjords und Thyborøn, dem Tor zum Limfjord, erstreckt sich eine abwechslungsreiche Fjordlandschaft, die in weiten Teilen nur durch Nehrungen – Holmsland Klit, Bøvling Klit und

Der Tag macht sich bettfein über den Dünen bei Hvide Sande

Harboøre Tange – von der Nordsee getrennt ist. Die Häfen von Hvide Sande, Thorsminde und Thyborøn verbinden das offene Meer mit den Fjorden, die dank ihrer relativ geschützten Lage perfekte Windsurf- und Segelreviere sind. Die Yachten der Segler liegen neben kleinen Fischkuttern in den Marinas der *hyggeligen* Hafenorte Ringkøbing, Lemvig und Struer. Und auch das Hinterland hat was zu bieten: Wälder wie Klosterheden, lebendige Städte wie Holstebro, Varde und – für viele ein unverzichtbares Ausflugsziel – Billund, sprich Legoland.

DIE MITTE

MARCO POLO HIGHLIGHTS

★ **BLÅVANDSHUK**
Dänemarks westlichster Punkt mit fantastischer Aussicht vom Leuchtturm aus ➤ S. 60

★ **TIRPITZ**
Im Museum unter dem Dünensand wird die Geschichte Westjütlands erzählt ➤ S. 60

★ **HENNE KIRKEBY KRO**
Hier leuchten zwei Michelin-Sterne – und ein grüner dazu ➤ S. 65

★ **LEGO HOUSE & LEGOLAND**
Ausflug ins Land der kleinen bunten Steine ➤ S. 63

★ **FILSØ**
Ein stilles Naturparadies abseits des Trubels am Strand ➤ S. 64

★ **KLOSTERHEDEN**
In Westjütlands größtem Wald röhren Hirsche und schillern Eisvögel ➤ S. 76

★ **BOVBJERG FYR**
Knuffiger Leuchtturm auf steilem Kliff ➤ S. 76

NORDSEE

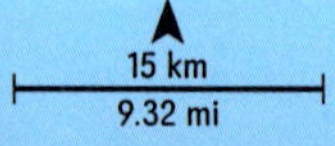

15 km
9.32 mi

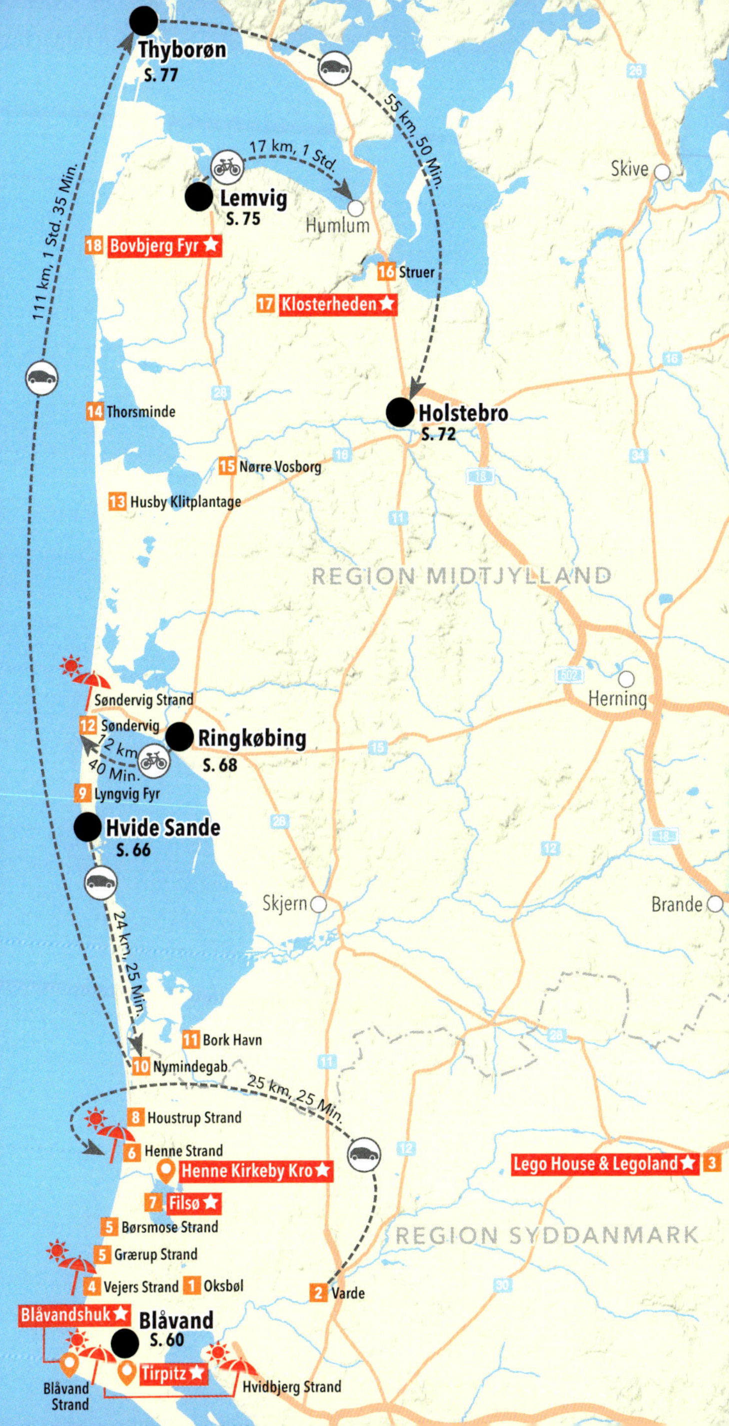

Thyborøn
S. 77
55 km, 50 Min.
17 km, 1 Std.
Lemvig
S. 75
Humlum
Skive
111 km, 1 Std. 35 Min.
18 Bovbjerg Fyr
16 Struer
17 Klosterheden
Holstebro
S. 72
14 Thorsminde
15 Nørre Vosborg
13 Husby Klitplantage
REGION MIDTJYLLAND
Herning
Søndervig Strand
12 Søndervig
Ringkøbing
S. 68
12 km
40 Min.
9 Lyngvig Fyr
Hvide Sande
S. 66
Skjern
Brande
24 km, 25 Min.
11 Bork Havn
10 Nymindegab
25 km, 25 Min.
8 Houstrup Strand
6 Henne Strand
Henne Kirkeby Kro
7 Filsø
Lego House & Legoland 3
5 Børsmose Strand
5 Grærup Strand
REGION SYDDANMARK
4 Vejers Strand
1 Oksbøl
2 Varde
Blåvandshuk
Blåvand
S. 60
Tirpitz
Blåvand Strand
Hvidbjerg Strand

BLÅVAND

(🕮 C17) **„Blaues Wasser“: ein schöner Name für einen Badeort. Der auch wegen seines umfangreichen touristischen Angebots so beliebt ist, dass hier etwa 2000 Ferienhäuser stehen – bei nicht mal 200 Ew.** Und er ist kinderfreundlich dank des relativ flachen Wassers, da das vorgelagerte *Horns Rev* (Horns Riff) die Strände vor heftigen Brandungswellen schützt. Vor der Küste liegt der weltgrößte Offshore-Windpark Horns Rev 1–3 mit 220 Windmühlen. *blavand strand.de, visitvesterhavet.de*

Sieht nach perfekten Nordseesommerferien aus: am Strand von Blåvand

SIGHTSEEING

BLÅVAND ZOO

Über 400 Tiere, darunter die einzigen weißen Löwen in Dänemark. In einer Freiflugvoliere kreischen Papageien und klettern Affen. Höhepunkte für Kids sind die Fütterungen: Di/Sa um 13.30 Uhr sind die Löwen dran, täglich um 14 Uhr die Fischotter. Außerdem: Cafeteria und Ponyreiten (20 Kronen). *März–Mai, Sept./Okt. tgl. 10–17, Juni–Aug. 10–18, Nov.–Feb. 10–16 Uhr | Eintritt 150, Kinder 75 Kronen | Øster Hedevej 1 | blaavandzoo.dk*

BLÅVANDSHUK ★

Am westlichsten Punkt Dänemarks musst du den 39 m hohen Leuchtturm *Blåvandshuk Fyr* besteigen. Du blickst aufs Horns Rev, auf den gleichnamigen Windpark und viel, viel weiter. *Öffnungszeiten s. Website | Eintritt 70 Kronen | Fyrvej 106 | vardemuseerne.dk*

TIRPITZ ★

Ausnahmearchitektur und ein faszinierendes Museum: Ein Bunker aus dem

Zweiten Weltkrieg, durch einen Tunnel verbunden mit einer harmonisch in die Dünen integrierten Museumsanlage. Gezeigt werden Ausstellungen zum Krieg und dem Atlantikwall, zum Bernstein und ein 4D-Film zur 20 000-jährigen Geschichte der Westküste. Sonderschauen, Café mit Innenhof und Souvenirshop. *Juli–Mitte Aug. tgl. 9–18, Mitte Aug.–Juni Mo–Fr 10–17 Uhr | Eintritt 160 Kronen inkl. Audioguide | Tirpitzvej 1 | tirpitz.dk | ⏲ 2 Std.*

SKALLINGEN

Die 7 km lange Halbinsel steht mitsamt der vielfältigen Vogelwelt unter Naturschutz. 600 Rinder verschiedener Rassen laufen hier im Sommer frei herum und pflegen die Vegetation. Der einzige Weg endet am *Madpakkehus* mit Infotafeln zur sensiblen Natur Skallingens und mit Toiletten. *naturstyrelsen.dk*

INSIDER-TIPP
Wie im Wilden Westen

ESSEN & TRINKEN

THE EATERY

Der richtige Laden für den Mittagsimbiss: Ziegenkäsesalat oder *stjernesskud*, Clubsandwich oder geräucherte Muscheln oder nur ein Stück Apfelkuchen mit Sahne. Große Sonnenterrasse. *Tgl. 11.30–19.30 Uhr | Blåvandvej 31 | Tel. 75 27 94 33 | theeatery.dk | €*

HØFDE4

Das schicke Restaurant im *Hvidbjerg Strand Feriepark* pflegt eine saisonale nordische Küche mit französischen Akzenten. Mittags wird à la carte gespeist, zum 2- bis 6-Gänge-Abendmenü werden die Garnelen gegrillt, die Wachteln gefüllt, der Tintenfisch geschmort. *Öffnungszeiten s. Website; Jan./Feb. u. Mo geschl. | Hvidbjerg Strandvej 27 | Tel. 75 27 90 89 | hoefde4.dk | €€*

HO KRO

Auch Gourmets werden im gemütlichen Krug des Örtchens Ho satt. Mittags etwa von selbst geräuchertem Lachs mit Frischkäse, abends von mit Kalbfleisch gefüllter Junghahnbrust. *Öffnungszeiten s. Website; Jan. u. Mo/Di geschl. (reservieren) | Hovej 34 | Ho | Tel. 75 27 90 44 | hokro.dk | €–€€*

SHOPPEN

HR. SKOV

Ein „Gourmetuniversum", so die Eigenwerbung: Delikatessen, Weine und Spirituosen, Küchengerätschaften. Im SB-Café gibt es sehr feine Bistrogerichte wie Tapas, Salade Niçoise oder Pommes mit geriebenem Trüffel. *Di–So 10–17 Uhr | Blåvandvej 37 | hrskov.dk*

SÆBE RIGET

Bente Staal produziert in ihrer Manufaktur Seifen und andere Körperpflegeprodukte, natürlich allesamt öko. Auch im Laden erhältlich sind handgefertigte Bürsten, Tischtextilien und einiges mehr. *Di, Do–Sa 10–17 Uhr | Hovej 13 | Ho | saeberiget.dk*

INSIDER-TIPP
Gepflegt eingeseift

SPORT & SPASS

BLÅVANDSHUK GOLFCENTER

Auf der herrlichen Anlage kann jede(r) für kleines Geld Golf spielen. Zwei

Preisbeispiele: Das Greenfee auf dem 9-Loch-Anfänger-Kurs beträgt 100 Kronen. 299 Kronen zahlt man fürs Üben auf den beiden Pay-&-Play-Bahnen inklusive Leihgebühr für Bälle und Schläger und Sparerib-Menü im Restaurant. *Søndertoften 29 | blaagolf.dk*

WESTCOAST MINIGOLF

Eine schöne, sehr gepflegte Anlage mit besonderen Kunstrasenbahnen, Wasserspielen und kleinem Bistro. *Mitte März–Mitte Nov. tgl. 10–18, im Sommer bis 20/22 Uhr | 80, Kinder 40 Kronen | Blåvandvej 85 B | westcoastminigolf.dk*

STRÄNDE

BLÅVAND STRAND

Das Augenfälligste am schönen breiten Strand ist die Skulptur „Riding to the sea" von Bill Woodrow: Der Künstler hat zum 50. Jahrestag der Befreiung Dänemarks von der deutschen Besatzung vier Bunkerreste mit eisernen Köpfen und Schwänzen versehen – und so zu Maultieren umgestaltet.

HVIDBJERG STRAND

Hier – östlich vom Blåvand Strand – steigst du über einen Holzsteg mittels einer Leiter in die Fluten der Nordsee. Ein Abschnitt ist fürs Surfen und Kitesurfen abgetrennt, und es gibt eine Surfschule. *hvidbjerg.dk*

WELLNESS

BLÅVAND KURBAD & WELLNESS

Zwei Dampfbäder, fünf Saunen, fünf Pools, dazu Spa-Angebote aller Art: toll, wenn man mal nicht an den Strand kann. *Öffnungszeiten s. Website | 300 Kronen (max. 3 Std.) | Hvidbjerg Strandvej 27 | blaavandwellness.dk*

RUND UM BLÅVAND

1 OKSBØL

12 km nordöstl. von Blåvand/ 15 Min. über die 431 (Auto)

Der hübsche kleine Ort (2800 Ew.) besitzt zwei besondere Sehenswürdigkeiten: die romanischen Fresken in der *Ål-Kirke (tgl. 9–16 Uhr | Kirkegade 40A)*, die zu den schönsten in Dänemark gehören. Ebenfalls sehenswert in dem Gotteshaus aus dem 12. Jh. sind die 14 Reliefs im Chor. Und das *Flüchtlingsmuseum Flugt (tgl. 10–17, Juli–Mitte Aug. 9–18 Uhr | Eintritt 160 Kronen inkl. Audioguide | Præstegårdsvej 21 | flugtmuseum.dk | 1½ Std.)*, das in einem preisgekrönten Bau die Geschichten von Flüchtlingen aus allen Epochen erzählt. Hintergrund: In Oksbøl lag nach dem Ende des Zweiten Weltkriegs das größte Flüchtlingslager Dänemarks. C17

2 VARDE

25 km nordöstl. von Blåvand/ 30 Min. über die 431 (Auto)

Die beschauliche Stadt (14 000 Ew.) ist das Verwaltungs- und Einkaufszentrum der Kommune Varde. Zentrum ist der ansprechend gestaltete Torvet mit dem Rathaus, der Sct. Jacobi Kirke, einem Café im und vorm hübschen *Haus*

Sillasen von 1797, der unverzichtbaren Pølserbude und einem Brunnen plus Wasserlauf. Das *Museum Frello (Mi–So 10–16, Juli/Aug. tgl. 10–17 Uhr | Eintritt 85 Kronen | Kirkepladsen 1 | museumfrello.dk | ⏲ 1 Std.)* ist den fantasievollen, plastischen Bildern des Malers und Grafikers Otto Frello (1924–2015) gewidmet. Varde bestand im Jahr 1866 aus etwa 300 Gebäuden. In der Miniaturstadt *Varde Miniby (Mitte Mai–Aug. tgl. 10–17, Sept./Okt. 10–16 Uhr | Eintritt 50 Kronen, Kinder (3–11 Jahre) 20 Kronen | Lundvej 4E | vardeminiby.dk | ⏲ 1 Std.)* stehen sie als liebevoll gestaltete Kopien im Maßstab 1:10. *visitvesterhavet.de* | *D17*

3 LEGO HOUSE & LEGOLAND ★

77 km nordöstl. von Blåvand/ 1 Std. über die 475 (Auto)

Das Städtchen Billund ist das „Home of the Brick": Im *Lego House (Öffnungszeiten s. Website | Tagesticket online ab 199 Kronen je nach Jahreszeit | Ole Kirks Plads 1 | Billund | legohouse.com)*, das so aussieht, als sei es aus gigantischen Legosteinen zusammengesetzt, befindet sich der Firmensitz, und über 25 Mio. der bunten Steine liegen für Bastler und Baumeister bereit.

Abenteuerlustige kleine, große und alte Kinder besuchen natürlich das *Legoland (So–Fr 10–18, Sa 10–19 Uhr | Tagesticket online 329 Kronen, vor Ort 499 Kronen | Nordmarksvej 9 | Billund | legoland.dk)*: Rund um dessen Keimzelle, das 1968 errichtete Lilleby (Miniland), ist ein riesiger Freizeitpark entstanden mit Attraktionen vom Atlantis-Aquarium bis zum 4D-Kino. *G16*

VON VEJERS BIS HOUSTRUP

(C16–17) **Nördlich von Blåvand bis hoch nach Nymindegab erstrecken sich herrliche Strände, liegen außerordentlich beliebte Ferienhausgebiete. Die verträumten Örtchen Vejers, Henne und Houstrup haben zusammen keine 500 Ew., aber in den zugehörigen Badeorten tobt im Sommer das touristische Leben.**

Die 140 km² große Kallesmærsk Hede ist militärisches Sperrgebiet: Sind die roten Kugeln an den Signalmasten hochgezogen und die Schlagbäume

Keine Angst, der will nur spielen: Klötzchen-Dino im Lego House

an den Zufahrtsstraßen unten, besteht Lebensgefahr – es wird scharf geschossen! Ansonsten: An den Wegen stehen Warn- und Infotafeln mit Verhaltensregeln. In den Wald und Heidegebieten zwischen Blåvand und dem Filsø lebt – auch begünstigt durch die Truppenübungsgebiete – einer der größten Rotwildbestände Dänemarks mit ca. 1300 Tieren. *visitvesterhavet.de*

ZIELE ZWISCHEN VEJERS & HOUSTRUP

4 VEJERS STRAND

Anfang des 20. Jhs. vermieteten Fischer hier erste Ferienquartiere, Vejers ist damit der älteste Badeort an der dänischen Nordseeküste. Der Ort ist beschaulich geblieben, besitzt aber alles, was man sich als Urlauber wünscht – neben dem weißen Strand natürlich, der südlich des Orts auch mit dem Auto befahren werden darf. *C17*

5 GRÆRUP STRAND & BØRSMOSE STRAND

Viel Natur, wenig Trubel; die Ferienhäuser stehen bekömmlich verteilt im Dünengürtel,und auch der Campingplatz von Børsmose liegt mitten in den Dünen, dicht an der See. Landeinwärts liegen mit Einschränkungen begehbare Truppenübungsgebiete (Warntafeln an den Wegen). *C16–17*

6 HENNE STRAND

Seit den 1970er-Jahren ein Lieblingsziel norddeutscher, vor allem Hamburger Urlauber. Anfangs kamen sie nur wegen des feinen, weißen Sandstrands und wegen der so schön rustikalen Ferienhäuser, die Købmand Hansen in den Dünen vermietete. Heute ist Henne Strand ein immer gut besuchtes Ganzjahresziel mit einem breiten touristischen Angebot. *C16*

7 FILSØ ★

Jütlands zweitgrößter See (915 ha) ist Heimat von Fischottern und selten gewordenen Vögeln wie Seeadlern, Lachseeschwalben und Ohrentauchern. Zugleich ist er Dänemarks artenreichster See: Über 240 Vogelarten wurden hier gesichtet, allein 60 verschiedene Wasserpflanzen gedeihen im und am See. Wer Geduld hat (und ein Fernglas), kann von den Naturpfaden, den Aussichtsplattformen und von der Brücke Filsøellipsen aus interessante Entdeckungen machen. *naturparkvesterhavet.dk* | *C16*

8 HOUSTRUP STRAND

Der breite Strand ist weniger frequentiert als seine weiter südlich gelegenen Pendants, trägt aber – ebenso wie diese – das Gütesiegel der Blauen Flagge für ausgezeichnete Wasserqualität. Der Weg zum Strand führt durch die Blåbjerg Klitplantage, in der man wandern und den 64 m hohen *Blåbjerg* ersteigen kann, Dänemarks höchste Düne. *C16*

ESSEN & TRINKEN

CAFÉ STRANDEN

Der gläserne Rundbau steht in der Poleposition am Strand. Entsprechend toll ist die Aussicht, von der Terrasse wie auch von drinnen. Aus der Küche kommen Bistrogerichte wie Kartoffel-

Mit dem Auto (fast) bis an die Wellen: am Autostrand von Vejers

waffeln mit Krabben, der „Beachburger" oder das Seeteufelragout. Am Eiskiosk gibt's 16 Sorten fluffiges handgemachtes Eis. *Tgl. 10.30–22 Uhr | Strandvejen 490 | Henne Strand | Tel. 75 25 41 00 | cafestranden.dk* | €€ | C16

HENNE KIRKEBY KRO ★

Im reetgedeckten Krug aus dem 18. Jh. wirkt das Küchenteam um Paul Cunningham. Geschmückt mit drei Michelin-Sternen, einer davon: der grüne für Nachhaltigkeit. Die ausgesuchten Rohprodukte kommen ausschließlich aus der Region und aus dem 4000 m² großen Garten, sie werden zu köstlichen 3- bis 7-Gänge-Menüs komponiert. In einem der besten Restaurants Dänemarks musst du natürlich rechtzeitig reservieren. *März–Anf. Dez. Do–Sa, Mai–Okt. auch Mi ab 12 u. ab 18 Uhr | Strandvejen 234 | Henne | Tel. 75 25 54 00 | hennekirkebykro.dk* | €€€ | C16

RESTAURANT STAUSØ

Landgasthof mit gutbürgerlicher dänischer Küche. Große Portionen, günstige Preise. Täglich wechselndes Tagesgericht. *Sept.–Juni Mi–Sa 12–19, So 12–14.30, Juli/Aug. Di–Sa 12–20, So 12–19.30 Uhr | Klintingvej 204 | Stausø | Tel. 75 25 51 01 | restaurant-stausoe.dk* | € | C16

SHOPPEN

STRAND-GALLERIET

Werke von etwa 60 Künstlern stehen hier zum Verkauf: Gemälde, Grafiken, Skulpturen, Keramiken. Dazu gibt es regelmäßige Wechselausstellungen. *Fr–So 11–16 Uhr | Vejers Havvej 72 | Vejers Strand | strand-galleriet.dk. | Filiale: Blåvandvej 32 | Blåvand* | C17

RAVHUSET

Schlicht und edel, für Mädels und Jungs, Damen und Herren: Das „Bernsteinhaus" beweist aufs Allerschönste, dass Bernsteinschmuck nicht kitschig sein muss. *April–Okt. So–Fr, Nov.–März So/Mo, Do 13–17 Uhr | Vesterkærvej 10 | Hennebjerg | ravhuset.com | C16*

SPORT & SPASS

GOLFKLUB OUTRUP

INSIDER-TIPP
Für jedermann und jedefrau

Leger und entspannt golfst du 12 km von Henne Strand auf diesem 9-Loch-Pay-&-Play-Golfkurs mit Driving Range und Pitch-&-Putt-Anlage. *Greenfee 200 Kronen | Rottarpvej 40 | Outrup | outrupgolfklub.dk | C–D16*

HVIDE SANDE

(C14) **Kommt man von Süden in den fünftgrößten Fischereihafen Dänemarks (2900 Ew.), sieht man als Erstes aufgedockte Kutter und Arbeitsschiffe, die Werfthalle, die Fischauktionshalle und das Eiswerk.** Kommst du von Norden, fallen dir eine stählerne Halbkugel auf der Kreisverkehrsinsel und linker Hand kurz vor der Brücke ein von sieben Schiffssteven eingefasster Stahlglobus ins Auge – prominente Elemente der fünfteiligen Skulptur „Cyklus" von Leo Andersen *(galleri63.dk)*.

Das Städtchen ist auch das Tor zum Ringkøbing Fjord, mit einem eng bebauten Ortskern rund um den geschäftigen Hafen, aber auch mit modernen Ferienhäusern am Fjordufer. Und der „Weiße Sand" ist ein Petrijüngerparadies – beiderseits der Sperrwerksbrücke stehen die Angler oft in Reih und Glied an den Molen. Im Hochsommer ist immer sonntags um 11 Uhr Fischauktion für Otto-Normalfischesser! *visitvesterhavet.de*

Symbolisiert den Aufbruch auf die Weltmeere: „Der Punkt" ist Teil der „Cyklus"-Skulptur

SIGHTSEEING

FISKERIETS HUS

Im Haus der Fischerei erfährst du – sehr liebevoll aufbereitet – alles über die (Fischerei-)Geschichte von Hvide Sande. Auf dem originalen kleinen Kutter „Jonna" kannst du sogar mal am Steuer stehen! In Aquarien schwimmen die Fische der Nordsee und des Fjords, und im Souvenirshop gibt es u. a. Modellschiffe. Cafeteria mit Fjordblick. *April–Okt. tgl. 10–17, Nov.–März 10–16 Uhr, Dez. Sa/So geschl. | Eintritt 99, Kinder 69 Kronen | Nørregade 2b | fiskerietshus.dk | 1½ Std.*

ESSEN & TRINKEN

CAFÉ MARINA

So soll Speisen an der Küste sein: Mit Blick auf den Hafen genießt man in dem vintage-gestylten, gemütlichen Lokal Krabben, Muscheln, eine Fischplatte oder eine/n der sechs verschiedenen „Bürgerinnen und Bürger" – sagt die deutsche Version der Speisekarte. *Mo–Fr 11–21, Sa/So 10–21 Uhr | Toldbodgade 20 | Tel. 97 31 10 06 | cafemarina.dk | €*

LILLE K

Bei Michael Grantland gibt´s nahe der Schleuse im 1. Stock Austern, Kaviar und Kalbsfilet, aber auch Caesar Salad, Fish & Chips und den „Fisch des Tages". Außerdem: Mittwochs ist Steaktag und donnerstags Burgertag. *Di–Do 12–21, Fr–So 12–22 Uhr | Toldbodgade 8 1.tv | Tel. 20 70 93 44 | bygrantland.dk | €€*

SHOPPEN

AVANCE

Wolltest du schon immer einen echten dunkelblauen *trøjer* haben, den ultimativen Schlechtwetterpulli, oder endlich Gummistiefel, die was taugen? Hier gibt es zünftige Segler- und Fischerklamotten, die auch modisch was hermachen. *Mo–Fr 8–17, Sa 9–12 Uhr | Troldbjergvej 6 | avance-hvidesande.dk*

SPORT & SPASS

ANGELN

Die Tageskarte für den gesamten Hafenbereich kostet 45 Kronen, es gibt sie online unter *hssc.nu*. Im *Hvide Sande Sportfisker Center (HSSC | 15. März–Okt. tgl. 6–19 Uhr | Nordhavnskaj 41)* können Angler ihren Fang säubern, in Eis verpacken und sogar warmräuchern.

SCHIFFSTOUREN

Küsten- und Angeltouren, eine Tour zum Windpark Vesterhav Syd und eine Hafenrundfahrt kann man mit dem Fischkutter „MS Solea" unternehmen. *Nørregade 2a | Hafenrundfahrt 30–60 Min., 100 Kronen, Kinder 75 Kronen; Küstentour 1½–2 Std., 200 Kronen, Kinder 150 Kronen | Tel. 97 31 23 41 | solea.dk, kottfritid.dk*

WINDSURFEN & WASSERSKI

Südlich und nördlich des Hafens liegen die Spots für Wind- und Kitesurfer. Ein beliebtes Windsurfrevier ist auch *Årgab Strand* im Süden von Hvide Sande. Alle Infos bei *Westwind (Gytjevej 15 u. Sønder Klitvej 1 | westwind.dk)*. Eine besondere Attraktion ist die

Wakeboard- und Wasserski-Anlage *Kabelpark (Gytjevej 15B | kabelpark.dk)* gleich nördlich vom Hafen. Wer's ausprobieren will: 1½ Std. „Testlauf" kosten inkl. Ausrüstung 350 Kronen.

RUND UM HVIDE SANDE

9 LYNGVIG FYR

5,5 km nördl. von Hvide Sande/ 7 Min. über die 181 (Auto)

38 m hoch plus 17 m Düne, das ergibt eine Aussicht aus 55 m Höhe, die du nach 149 Stufen genießen darfst. Bequemeren Menschen reicht der Besuch im alten Leuchtturmwärterhaus, im Souvenirshop und im hübschen Café. *Öffnungszeiten s. Website | Eintritt 75 Kronen | Holmsland Klitvej 109 | lyngvigfyr.dk | C14*

10 NYMINDEGAB

24 km südl. von Hvide Sande/25 Min. über die 181 (Auto)

Er liegt hoch auf einer Düne: Weithin sichtbar ist der senfgelbe Klotz des für seine gute Küche bekannten *Nymindegab Kro (Mai–Aug. tgl., Sept.–April Di–Sa ab 18 Uhr, Kaffee & Kuchen 14–16 Uhr | Vesterhavsvej 327 | Tel. 75 28 92 11 | nymindegabkro.dk | €€).* Eine kuriose kleine Windmühle markiert das *Nymindegab Museum (April–Juni, Sept./Okt. Mi–So 10–16, Juli/Aug. tgl. 10–17 Uhr | Eintritt 100 Kronen | Vesterhavsvej 294 | nymindegabmuseum.dk | 45 Min.)* mit etwa 200 Bildern einiger Skagen-Maler (s. S. 23), dem 12 m langen Skelett eines Pottwals und dem Haus eines Tischlers aus den 1930ern mitsamt Originaleinrichtung. 5 km südlich des 200-Ew.-Orts irritiert die riesige „gläserne Düne" des modernen Ferienparks *Seawest (seawest.dk)* das Auge, südwestlich des Orts hingegen ist die Landschaft von bezaubernder Schönheit: Heide, Dünen, kleine Seen und Waldgebiete. *visit vesterhavet.de | C15*

INSIDER-TIPP
Küstenlandschaft – wie gemalt

11 BORK HAVN

31 km südl. von Hvide Sande/30 Min. über die 181, Vesterlundvej u. Værnvej (Auto)

Im Süden des Ringkøbing Fjords liegt das ruhige Fischerörtchen, in dem man in Hausbooten urlaubt und sich dem Windsurfen widmet. Quasi nebenan erwacht die Wikingerzeit zum Leben: Das Freilichtmuseum *Bork Vikingehavn (Öffnungszeiten s. Website | Eintritt 130 Kronen, Kinder frei | Vikingevej 7 | Hemmet | borkvikingehavn.dk | 2–4 Std.)* ist ein komplettes Dorf inklusive Hafen und fünf Wikingerschiffen. Laiendarsteller spielen das Alltagsleben der Nordmänner um das Jahr 900 nach. Ganz dem Heute verpflichtet sind Café *(tgl.)* und „Wikingershop". C15

RINGKØBING

(C13) **Wenn man einen Ort als *hyggelig* bezeichnen kann, dann diesen – gepflegt und gemütlich, lebhaft und entspannt zugleich.**

Dem Auge einen Rundflug über die Dünen gönnen: Aussichtspunkt Lyngvig Fyr

Im Zentrum rund um den Torvet und die verkehrsberuhigten Straßen *Algade* und *Nygade* spürt man förmlich, dass die 9900 Ew. gerne in ihrem hübschen Städtchen leben. Geziegelte oder rot gekalkte Häuschen mit Stockrosen davor säumen die Gassen; eine besonders beschauliche, die *Grønnegade*, führt zum kleinen Hafen, an dem auch das heimliche Wahrzeichen Ringkøbings steht: Die 3,5 m hohe Skulptur „Survival of the Fattest" von Jens Galschiøt thematisiert drastisch die Ausbeutung der sogenannten Dritten Welt. *visitringkoebing.dk*

SIGHTSEEING

RINGKØBING MUSEUM

Die Geschichte des Orts und der Region. Ein besonderer Fokus liegt auf dem Zweiten Weltkrieg mit den Nachbauten einer Bunkeranlage und einer Radarstation sowie eines abgeschossenen Bombers der Alliierten. *Mitte Feb.–Dez. Mo–Fr 11–16, Sa 10–14 Uhr | Eintritt 75 Kronen | Herningvej 4 | ringkobingfjordmuseer.dk | 1 Std.*

NATURKRAFT

Nördlich des Ortskerns widmet sich das unterirdisch angelegte Erlebniszentrum mit seinem großzügigen Außengelände auf spannende, interaktive Weise den Elementen Erde, Sonnenlicht, Wasser und Wind – und wie man mit ihrer Hilfe Energie gewinnt. Für eine Pause vom Experimentieren ist das Café mit kleinen Gerichten da. *Öffnungszeiten s. Website | Eintritt 130, Kinder 95 Kronen | Naturparken 10 | naturkraft.dk | 3–4 Std.*

ESSEN & TRINKEN

RESTAURANT NORDIC

Nicklas Nielsen hat sich dem Konzept des „Social Dining" verschrieben. Man

Sand rieselt nicht nur, Sand kann auch Kunst: Skulpturen-Festival in Søndervig

soll also mehrere seiner kleinen, nordisch geprägten Gerichte bestellen und beim Essen übers Essen und anderes philosophieren. Diskussionsgrundlage bilden etwa Zander mit Sauerampfer oder köstliches Shortbread mit Frischkäse, Erdbeeren und Zitronenverbene. *Di–Do 12–22, Fr/Sa 12 bis mind. 23 Uhr | Vester Strandgade 1 | Tel. 97 32 27 27 | restaurantnordic.dk | €-€€*

INSIDER-TIPP
Beim Essen übers Essen reden

WATCHMANS PUB

„Gediegen", könnte man sagen. Leder, dunkles Holz, Fuchsjagdszenen an den Wänden: Das Restaurant im Hotel Ringkøbing hat Style. Die Küche ist aber nicht englisch, sondern gehoben international: Lachstatar mit Avocado, Seezunge mit gebackenen Muscheln, Kalbsfilet mit Gorgonzola. *Tgl. 11.30–16.30 u. 18–21.30 Uhr | Torvet 18 | Tel. 97 32 00 11 | hotelringkobing.dk | €€*

SHOPPEN

Ein Einkaufsbummel könnte am Torvet beginnen: 1a-Süßwaren gibt es bei *Ringkøbing Bolcher (ringkoebing-bolcher.dk)*, die passenden Behältnisse dazu bei *Kob & Kande (kobkande.dk)*. Geradeaus in der *Algade* findest du u. a. Bier, Wein, Schnaps und Wohnaccessoires bei *Det Dansk (Facebook)*; Schmuck, Design, Keramik und mehr bei *Inspiri (Facebook: Inspiri by Ditte)* und nachhaltig Produziertes von Einkaufstasche bis Teetasse bei *Raintree (raintree.dk)* an der Ecke Mellemgade. Links ab vom Marktplatz geht die *Nygade*: Haushaltswaren in skandinavischem Design gibt's bei *Imerco (imerco.dk)*, Gold und Silber von Georg Jensen bei *Brodersens+ (brodersens.dk)* und u. a. alles zum Cocktailmixen bei *Vin Specialisten (hjhansen-vin.dk)*.

KLOSTER DESIGN

Fast unüberschaubar ist das Sortiment an Kerzen, Kunsthandwerk und mehr oder weniger kitschigen Souvenirs in dem riesigen Hofladen, 10 km westlich von Ringkøbing. Manche kommen aber nur hierher, um im angeschlossenen *Charly's Café (Mo–Fr 11–17, Sa 11–13 Uhr | Tel. 97 33 72 38 | €)* den warmen Apfelkuchen mit Sahne zu verschmausen. *Mo–Fr 10–17, Sa 10–13 Uhr | Klostervej 96–98 | Kloster | klosterdesign.dk*

WELLNESS

FJORDGAARDEN

Ein ganzer Wellnesstag gefällig? Dann ab ins Day Spa des Hotels Fjordgaarden mit Innen- und Außenpool. Danach in die Brasserie *(€€€)* oder in die Bar. Im Angebot sind auch verschiedene Wohlfühlpakete, z. B. „MorgenRO" inkl. Frühstück und Sekt oder „AftenRO" inkl. Abendessen in der Brasserie. *So-Do 9–20, Fr/Sa 9–22 Uhr | Tageskarte Spa 550 Kronen, Fr/Sa 770 Kronen | Vester Kær 28 | Tel. 97 32 14 00 | hotelfjordgaarden.de*

INSIDER-TIPP Sunset im Pool

RUND UM RINGKØBING

12 SØNDERVIG

12 km westl. von Ringkøbing/15 Min. über die 15 (Auto)

Hier steppt der Seehund! Fast 4000 Ferienhäuser im Umland, 900 Parkplätze, über 25 Boutiquen, 14 Cafés und Restaurants, ein 18-Loch Golfplatz und Nordeuropas größtes Erlebnisbad *Lalandia (lalandia.dk)*.

Ein weiterer Anziehungspunkt ist jedes Jahr das internationale *Sandskulpturen-Festival (Mitte Mai–Okt. tgl. 10–18 Uhr | Eintritt 80 Kronen | sandskulptur.dk)*. Apropos Sand: Der *Søndervig Strand*, breit und feinsandig, wurde mehrfach zu Dänemarks bestem gekürt. Der *Sandgaarden (Mi-Sa 12 bis spät, So 12–17 Uhr | Badevej 12 | Tel. 97 33 83 99 | sandgaarden.dk | €€)* mit feiner, französisch inspirierter Küche ist das wohl beste Restaurant des Seebads. *søndervig.dk* | *C13*

13 HUSBY KLITPLANTAGE

33 km nordwestl. von Ringkøbing/ 40 Min. über 15, 181, Græmvej (Auto)

Mehrere schöne Wander- und Radrouten führen durch den Wald und die Heide dieser Plantage bis in die Dünen und zum Strand. Beste Sicht über das Gebiet hast du von der Aussichtsdüne *Marens Maw* (Marens Bauch). *Parkplätze an der 181 und westlich der Husby Kirke am Græmvej*

3 km nördlich liegt an der 181 die *Fjand Gårdbutik (Mitte März–Juni, Mitte Aug.–Okt. Di–So 10–17, Juli–Mitte Aug. tgl. 10–18, Nov.–Mitte Dez. Do–So 10–16 Uhr | Klitvej 49 | Fjand | fjand-gaardbutik.dk)*: ein schöner Ort zum Stöbern zwischen Tischwäsche und Weihnachtsdeko, zum Schauen in der Bildergalerie und zum Speisen im Café *(€)*. *C12*

INSIDER-TIPP Stöbern & schlemmen

14 THORSMINDE

44 km nordwestl. von Ringkøbing/ 40 Min. über 16, 537, 181 (Auto)

Der nicht sehr ansehnliche kleine Fischerort (310 Ew.) ist das Tor zum Nissum Fjord und vor allem bei Anglern beliebt. Besuchenswert ist allerdings das *Strandingsmuseum St. George (Mitte Feb.–Mitte Nov. tgl. 10–17 Uhr | Eintritt 95 Kronen | Vesterhavsgade 1E | strandingsmuseet.dk | 1½ Std.)*, das mit Videoprojektionen und Fundstücken eindrucksvoll zeigt, wie viele

Schiffe vor der gefährlichen Küste Westjütlands gesunken sind. Highlight ist das 11 m hohe und 5,4 t schwere Ruder der 1811 gestrandeten HMS „St George", für das eigens ein Turm errichtet wurde, von dem aus man zudem auch noch eine herrliche Aussicht hat. *C11*

HOLSTEBRO

(D-E11-12) **Die alte Viehhandelsstadt (36 500 Ew.) ist heute eine quicklebendige kleine Metropole.** Sie besticht in ihrem Kern durch ein recht gelungenes Miteinander von historischen Häusern, modernen Gebäuden und architektonischen Glanzpunkten. Hier entstand 1963 die erste dauerhafte Fußgängerzone in Dänemark, und man kann die Stadt getrost als Dänemarks Vorreiterin in Sachen Kunst im öffentlichen Raum bezeichnen. *visitnordvestkysten.de*

SIGHTSEEING

KUNST IM STADTBILD

Über 50 Kunstwerke – Skulpturen, Wandgemälde, Bodenreliefs usw. – kannst du dir bei einem Stadtbummel „erlaufen" *(Flyer in der Touristinfo | Kirkestræde 13)*. Zu den spektakulärsten Skulpturen zählen die „Bürger von Holstebro" und die „12 Himmelstiger" *(Nørreport Torv)*, der „Sonnenwagen" hoch oben auf dem Hotel Royal als Teil des 36-teiligen Skulpturenensembles „Tabakarbeiters Traum" *(Den Røde Plads)*, die „Frau auf der Karre" vor dem alten Rathaus *(Nørregade)* und die 50 m hohe Stahlgitter-Laser-Konstruktion „Kaos Tempel" *(Søvej)*.

HOLSTEBRO KUNSTMUSEUM & HOLSTEBRO MUSEUM

Zwei Museen in einem Gebäudeensemble rund um eine Villa aus dem Jahr 1906: Das eine zeigt Werke moderner Klassiker von Chagall über Goya bis Picasso sowie zeitgenössischer dänischer Künstler in wechselnden Ausstellungen, dazu Volkskunst aus Afrika und Asien. Das andere ist Holstebros Geschichte gewidmet, von der Wikingerzeit bis zur Blütezeit der Tabakindustrie in der Stadt. *Sept.–Juni Di–Fr 12–16, Sa/So 11–17, Juli/Aug. Di–So 11–17 Uhr | Eintritt 110 Kronen (unter 26 Jahren frei) | Museumsvej 2A u. 2B | holstebrokunstmuseum.dk, holstebro-museum.dk | 2 Std.*

Bei schlechtem Wetter kannst du einen guten halben Tag in den Museen verbringen, wenn du im zugehörigen *Restaurant Støberiet (Di–Fr 12–16, Sa/So 11–17 Uhr | Tel. 97 42 60 00 | stoberiet.com | €)* einkehrst und dort ein *smørrebrød* oder einen Salat zu dir nimmst.

ESSEN & TRINKEN

RAADHUS KÆLDEREN

Im Rathauskeller geht´s deftig zu: Wiener Schnitzel, *stjerneskud*, aber auch Brokkolipfannkuchen. Spezialität ist *rulle ål*, eine Aalroulade mit Petersilie, Estragon und Roggenbrot. *Di–So 12–15 u. 17.30–21, Fr–So bis 22 Uhr | Kirkestræde 12 | Tel. 97 41 43 40 | raadhuskælderen-holstebro.dk | €€*

UNDER KLIPPEN

Hinter dem steil aufragenden Kunstwerk *Trylleklippen* (Zauberfelsen) wird wirklich gezaubert, nämlich in der Küche des Gourmetrestaurants. Zu einem 7-Gänge-Menü gehören etwa Tintenfisch mit grünen Erdbeeren und Bœuf béarnaise. Unbedingt reservieren! In der angeschlossenen *Vinbar (Fr/Sa 20–2 Uhr | €)* gibt´s Fingerfood. *Mi–Sa 12–24 Uhr | Lille Østergade 3 | Tel. 97 40 66 55 | underklippen.dk | €€€*

SHOPPEN

Hier gibt es so gut wie alles: Sieben Straßen bilden die weitläufige Fußgängerzone mit dem Einkaufszentrum *Nørreportcentret (norreportcen tret.dk)* an ihrem nördlichen Ende.

VESTJYSK JAGT & FRITID

Abgesehen von allem, was Angler und Jäger so brauchen, kaufst du hier tolle Outdoorkleidung, Ferngläser für die Vogelbeobachtung, Rucksäcke und andere nützliche Dinge. *Mo–Fr 10–17.30, Sa 10–13 Uhr | Struervej 69 | vestjyskjagt.dk*

AUSGEHEN & FEIERN

Musicals, Kino und Konzerte gibt´s im *Musikteatret (Den Røde Plads 16 | musikteatret.dk)* mit Bar und Restaurant, Ballett im *Holstebro Teater (holste broteater.dk)* direkt nebenan.

MUNKEN

Restaurant und Cocktailbar in einem gemütlichen alten Eckhaus in der Fußgängerzone. Wer hier isst (gute Tapas-Auswahl!), bleibt gern länger auf einen Wein oder einen Drink – die Getränkekarte ist spektakulär. *Di/Mi 17–21, Do 17–24, Fr/Sa 17–2 Uhr, Sa/So Brunch 9.30–14*

INSIDER-TIPP
Mojito oder Mocktail?

Kultur hinter den Mauern moderner Architektur: das Musikteatret in Holstebro

Uhr | Østergade 16B | Tel. 21 32 00 25 | munkenholstebro.dk

FOX AND HOUNDS

Echte Pubatmosphäre bei 18 verschiedenen Bieren vom Fass und über 50 in Flaschen sowie 30 Whiskysorten, aber auch Kaffee und Alkoholfreies. Dazu Sandwiches, Burger, Pizza, Käse- und Knoblauchbrot – und Sportfernsehen. *Mo–Do 12–24, Fr/Sa 12–mind. 2 Uhr | Nørregade 26 | foxandhoundsholstebro.com*

Für Auge und Ohr: die (Design-)Geschichte von Bang & Olufsen im Struer Museum

RUND UM HOLSTEBRO

15 NØRRE VOSBORG

21 km westl. von Holstebro/25 Min. über 509 und 28 (Auto)

Denkmalgeschützter Herrensitz aus der Mitte des 16. Jhs., herrlich gelegen in einem Wildreservat am Ostufer des Nissum Fjords. Das Anwesen wird heute als Hotel, Restaurant, für Kunstausstellungen und als Veranstaltungsstätte genutzt. Der Park ist ganzjährig frei zugänglich, die Gebäude nur sonntags 10 bis 16 Uhr und bei Ausstellungen und Führungen *(75 Kronen)*. In der Brasserie Classique und im edlen Restaurant *N.V. Tasting (reservieren nötig | €€€)* gibt es feine Gerichte der Saison aus regionalen Zutaten, Brasserie und Bar. *Mo–Mi 18–24, Do–Sa 18–2, Fr/Sa auch 12–15 Uhr | Vembvej 35 | Vemb | Tel. 97 48 48 97 | nrvosborg.dk |* *C12*

16 STRUER

15 km nördl. von Holstebro/20 Min. über 11 (Auto)

Das gemütliche Städtchen (10 100 Ew.) an der Venø-Bucht des Limfjords nennt

sich auch „City of Sound" – ist es doch Stammsitz der Hi-Fi-Schmiede Bang & Olufsen. Vor allem deren innovativen Produkten widmet sich das *Struer Museum (wechselnde Öffnungszeiten s. Website | Eintritt 85 Kronen | Søndergade 23 | struermuseum.dk | 1½ Std.)*. Daneben gibt es hier u. a. Landschaftsmalerei zu sehen sowie klassische Rennkajaks aus Mahagoni von *Struer Kajak (struerkajak.com)*.
Am kleinen Hafen klotzen Wohn-und Bürogebäude sowie das *Kurbad (kurbadlimfjorden.dk)* mit Pool, Saunen und Spa. Zum Ensemble gehört auch das Café und Restaurant *Værftet (So–Do 11–20, Fr/Sa 11–21 Uhr | Ved Fjorden 4 | Tel. 29 60 03 60 | vaerftet-struer.dk | €€)* mit herrlicher Dachterrasse. In idyllischerer Lage an der Marina wartet das exzellente Restaurant *Ved Fjorden (Di–Sa 11.30–22, So 11.30–21 Uhr | Ved Fjorden 8 | Tel. 97 85 46 66 | restaurant-vedfjorden.dk | €€)* mit Austern, Muscheln, Scholle und Spareribs oder Kalbsfilet auf. *cityofsound.dk* | *D-E11*

LEMVIG

(C10) **In einem Endmoränental am Limfjord liegt das 6800-Ew.-Städtchen mit seinem gemütlichen Hafen, in dem vor allem Segel- und Motoryachten, Traditionssegler und kleine Fischkutter ankern.**
Ein See, eine ansprechende Fußgängerzone und auf dem Torvet eine hübsche Kirche mit Zwiebelturm runden das *hyggelige* Bild ab. Eine 6 km lange Attraktion des Orts ist der *Planetstien (planetstien.dk)*: Auf dem Planetenpfad kannst du dir unser Sonnensystem im Maßstab 1:1 Milliarde erwandern, beginnend mit der Sonne westlich vom Lemvig Museum, dann immer an der Bucht entlang bis zum Pluto auf der Landzunge Gjeller Odde. Zusatznutzen: die schöne Umgebung Lemvigs. *visitnordvestkysten.de*

SIGHTSEEING

LEMVIG MUSEUM

Das kleine Museum zeigt u. a. Exponate zur Stadtgeschichte und erinnert an Schiffsunglücke in den Fjordgewässern. Im Garten: 54 Skulpturen des Lemviger Bildhauers Torvald Westergaard. *April/Mai, Okt. Sa/So 11–16, Juni–Sept. Di–So 11–17 Uhr | 75 Kronen | Vestergade 44 | lemvigmuseum.dk | 45 Min.*

KLIMATORIUM

Dänemarks supermodernes internationales Klimazentrum thematisiert eindrücklich die Folgen des Klimawandels und zeigt auf, was man dagegen unternehmen kann und muss. An einem interaktiven Reliefmodell kannst du simulieren, was mit Dänemark und Schleswig-Holsteins Norden geschieht, wenn der Meeresspiegel steigt. Per QR-Code wird die gesamte Schau auf Deutsch erklärt. *Fr–Mi 10–15 Uhr | Eintritt frei | Havnen 8 | klimatorium.dk | 1 Std.*

INSIDER-TIPP
Wenn Sylt untergeht

MUSEET FOR RELIGIØS KUNST

Das Museum befasst sich mit dem Verhältnis zwischen Kunst und Religion im 20. und 21. Jh. Der Schwerpunkt der Sammlung liegt auf dänischer Kunst. Jedes Jahr gibt es aber auch zwei Sonderausstellungen, auf denen dann z. B. Werke von Edvard Munch oder Marc Chagall zu sehen sind. *Di–So 12–17 Uhr | Eintritt 85 Kronen | Strandvejen 13 | mfrk.dk | ⏲ 1 Std.*

ESSEN & TRINKEN

RESTAURANT LUNA

Schon die Aussicht auf den Fjord ist fantastisch, und auch das Essen kann sich sehen lassen! Von den Tapas über das Luxus-*stjerneskud* oder den Burger (auch vegetarisch) bis zum Gâteau Marcel – ein Genuss. Da bleibt man gern bis zum Sundowner auf der Terrasse. *März Fr–So, April–Mitte Mai Mi–So, Mitte Mai–Juni u. Okt.–Dez. Di–So, Juli–Sept. tgl. 11.30–21 Uhr | Havnen 36 | Tel. 96 40 60 00 | restaurantluna.dk | €€*

RESTAURANT COLUMBUS

Gegenüber der Kirche geht´s typisch dänisch zu. Wer auf der geschützten Terrasse Platz findet, kann dem Treiben auf dem Torvet zuschauen. Interessant ist auch die Speisekarte: Da finden sich z. B. mit Muscheln und Kräutern gefüllte Ravioli oder geschmorter Knollensellerie mit Nordseekäse und Haselnüssen. *Mo–Sa 11–22 Uhr | Torvet 2 | Tel. 97 82 00 70 | restaurantcolumbus.dk | €*

INSIDER-TIPP
Nordisch delikat

SPORT & SPASS

LEMVIG GOLFKLUB

Man pitcht und puttet in toller Lage überm Fjord. Neben dem 18-Loch-Platz *(Greenfee 350 Kronen)* gibt es eine Pay-&-Play-Anlage mit 6 Löchern *(Greenfee 100 Kronen, Leihgebühr Schlägersatz und Tasche 125 Kronen)* für Anfänger und für danach ein Café-Restaurant. *Strandvejen 15 | lemviggolfklub.dk*

RUND UM LEMVIG

17 KLOSTERHEDEN ★

9 km südöstl. von Lemvig/15 Min. über 28, Gl. Landevej bis Parkplatz Møllesøen (Auto)

Zwischen Lemvig und Holstebro erstreckt sich auf 64 km² Westjütlands größter Wald. Er wird teilweise bewirtschaftet, ist Jagdrevier, und Teile bleiben auch weitgehend sich selbst überlassen. Überall findet man Heideflächen und kleine Seen. Wanderwege durchziehen ihn, es gibt Shelter zum Übernachten, Feuerstellen, Vogelbeobachtungstürme und Spielplätze. Im Sommer flitzen Eisvögel und Wasseramseln über die Bäche, im Herbst röhren die Rothirsche und Pilzsammler füllen ihre Körbe. *naturstyrelsen.dk | D11*

18 BOVBJERG FYR ★

16 km westl. von Lemvig/20 Min. mit dem Auto über 513 und 181

Auf dem steilen, schroffen Kliff Bovbjerg Klint steht beim Dörfchen Ferring der knuffige rote Leuchtturm Bovbjerg Fyr. Nur 26 m ist er hoch, kommt aber mitsamt der Klippe auf stattliche 67 m Höhe. Du kannst ihn über 93 Stufen besteigen, im Leuchtturmwärterhaus eine kleine *Ausstellung (Eintritt frei)* besuchen und im Garten des *Leuchtturmcafés (Feb.–Mitte Dez. tgl. 12/13–16/17 Uhr, Juli/Aug. ab 11 Uhr | €)* Waffeln, Salate oder Gegrilltes verspeisen – alles bio. *Eintritt 25 Kronen | Fyrvej 27 | C10*

THYBORØN

(C9) **Der Hafen von Thyborøn ist das Tor zum Nissum Bredning und zum Limfjord, der sich quer durch Nordjütland bis zur Ostsee zieht.** Deshalb bauten die deutschen Besatzer 1943 den Ort als Teil des Atlantikwalls zur Festung aus, deren betongraue Relikte teilweise heute noch zu sehen sind. Immer noch wirkt das Hafen-, Fisch- und Schiffsindustriestädtchen (1890 Ew.) recht unwirtlich – besitzt wie zum Ausgleich aber gleich sechs Museumsstätten, von Bernstein bis Seefahrt.

Südlich von Thyborøn könnte der Kontrast nicht größer sein: Die Küstenstraße über die schmale Landzunge *Harboøre Tange* führt durch ein Naturschutzgebiet – Brut- und Rastplatz für Wassergeflügel –, und mittendrin ragen die rostbraunen Anlagen von Cheminova auf, einem Pflanzenschutzmittelhersteller, dessen Giftmülldeponie immer wieder für Umweltverschmutzungen sorgt. Über eine Grundsanierung wird gesprochen, aber wann sie ein für alle Mal stattfindet, war zum Redaktionsschluss dieses Bands weiterhin unklar. *visitnordvestkysten.de*

Das Rote steht im Grünen: lauschiges Leuchtturm-Ensemble Bovbjerg Fyr

SIGHTSEEING

SNEGLEHUSET

1949 begann Alfred Pedersen, sein Schneckenhaus zu schmücken, 1974 war von außen und innen alles so verschalt, verziert und dekoriert, wie man es heute bestaunen kann – einfach fantastisch. In Vitrinen sind allerlei maritime Fundstücke ausgestellt, und im Shop gibt´s Schneckenhäuser und Muschelschalen aus allen Weltmeeren, weniger aus der Nordsee. Dafür ist das Eis im Eiscafé echtes dänisches. *Mai tgl. 11–15, Juni–Aug. 10–17, Sept./Okt. 11–16 Uhr, Nov.–April s.*

Am Sneglehuset bekommt das Wort Schneckenhaus eine ganz neue Bedeutung

Website | Eintritt 25 Kronen, Kinder (bis 12 Jahre) 5 Kronen | Klitvej 9 | sneglehuset.dk | 1½ Std.

MINDEPARKEN FOR JYLLANDSSLAGET

Erster Weltkrieg, 31. Mai 1916: Die Skagerrak-Schlacht oder The Battle of Jutland, die größte Seeschlacht der Geschichte, fordert 8648 britische und deutsche Soldatenleben. Sie hatte keinen Sieger. 25 Schiffe sanken, Hunderte Leichen trieben an die Küste und wurden in den Dünen bestattet. In der Dünenheide zwischen Ortskern und Nordsee (ausgeschildert) symbolisieren 25 von stilisierten Figuren umstandene Gedenksteine die Schiffe und die Toten. *jutlandbattle memorial.com*

Im *Sea War Museum (Mitte Feb.–Mai, Sept.–Nov. tgl. 10–16, Juni–Aug. 10–17 Uhr | Eintritt 95 Kronen | Kystcentervej 11 | seawarmuseum.dk | 1 Std.)* wird die Geschichte dieser Schlacht aufgearbeitet und an die Opfer erinnert. Ein neues Museum über Seefahrt, Schiffsunglücke und Explosionen soll in naher Zukunft im Gebäude des ehemaligen *Kystcentret* (Küstencenter) eröffnen.

JYLLANDS AKVARIET

Von der Auster bis zum Seewolf: Im Jütland-Aquarium leben viele Nordsee- und Limfjord-Bewohner. Am Streichelbecken kommst du einigen sogar hautnah. Noch interessanter sind aber die Mitmachaktionen und Touren, die das Aquarium anbietet. *Juni, Sept./Okt. tgl. 10–17, Juli/Aug. 10–18, Nov.–Mai 10–16 Uhr | Eintritt 119, Kinder 99 Kronen, Kombiticket mit Iskunsten 169 bzw. 139 Kronen | Vesterhavsgade 16 | jyllandsakvariet.dk | 2 Std.*

ISKUNSTEN

Im ehemaligen Eishaus der Fischer gibt es nun Eiskunst: In dicke Decken eingemummelt, bewunderst du glitzernde Skulpturen aus gefrorenem Wasser. Viermal jährlich gibt es eine neue Schau. *Tgl. 11–17 Uhr, viermal im Jahr für 14 Tage geschl.: s. Website | Eintritt 79, Kinder 69 Kronen, Kombiticket s. Jyllands Akvariet | Jernbanegade 1A | iskunsten.dk | 30 Min.*

ESSEN & TRINKEN

FISKEHALLEN THYBORØN

Auf dem Kai findest du hinter schwedisch-roter Holzfassade Fischfachgeschäft, Hafenkneipe und Restaurant – mit frischesten Fischgerichten. *Juli/Aug. tgl. 11.30–21, Sept.–Juni Mo–Do 11.30–15, Fr–So 11.30–19 Uhr | Havnegade 5A | Tel. 97 83 28 82 | fiskehallen-thyboron.dk | €*

LA MAR

Was in dem unscheinbaren rot geziegelten Haus aus der Küche kommt, das hat schon was! Landen hier doch Gerichte und Produkte auf dem Tisch, die an der Küste nicht zum Speisekartenstandard gehören: Bruschette, Weinbergschnecken, Seehecht, Steinbutt oder sogar Châteaubriand. *März–Juni, Sept.–Dez. Do–So, Juli/Aug. tgl. 17.30–22 Uhr | Havnegade 64 | Tel. 40 73 82 18 | restaurantlamar.dk | €€–€€€*

STRAND

Am langen *Weststrand* machen dort, wo Baden erlaubt ist, die Brandungswellen Spaß. Im *Nordosten am Thyborøn-Kanal* ist der Wellengang gemächlicher, da Buhnen den Strand von beiden Seiten schützen.

TOUREN

SCHIFFSTOUREN

Das Jyllands Akvariet bietet unter dem Signet *Seaside Safari (seasidesafari.dk)* u. a. eine Bootstour auf dem Nissumfjord an sowie thematische Touren: Austern-, Bernstein- und Robben- und Delfinsafari. Oder aber du fährst auf eigene Faust mit der Fähre *Thyborøn-Agger (thyboronagger.de)* in 40 Minuten über den Thyborøn-Kanal auf die Nehrung Agger Tange bis nach Agger.

SCHÖNER SCHLAFEN IN DER MITTE

WASSERBETTEN

In Hvide Sande und Bork Havn liegen 80–120 m² große, moderne *Hausboote (4–6 Personen | €€)* im Wasser. Sie bieten allen Komfort und eine tolle Aussicht über den Ringkøbing Fjord – dank großer Fenster, Dachterrasse oder Balkon. Mieten unter *feriepartner.de* oder *esmark.de*

EIN HAUS AM SEE

In Hvidbjerg Strand stehen komfortable reetgedeckte Fischerhütten *(2–4 Personen | €€)* auf Stelzen in einem künstlich angelegten See. Wer kann, angelt sein Abendessen von einer der beiden Terrassen aus. Mieten über *hvidbjergstrand.dk*

DER NORDWESTEN

LAND ZWISCHEN NORDSEE UND LIMFJORD

So liegt sie vor dir, die von Meer und Wind geprägte Küstenlandschaft der Region Thy: Dünen, Heide, um die 200 kleine Seen, dazu überall Wald – eine Klitplantage reiht sich an die nächste. Dieses reizvolle Landschaftsensemble, seine Fauna und Flora sind geschützt im 243,7 km² großen ★ *Nationalpark Thy (nationalpark thy.dk)*, der sich – 55 km lang, bis zu 12 km breit – von der Landspitze Agger Tange im Süden bis hoch zum Fischerhafen Hanstholm erstreckt. Im Osten der Region, hin zum Jütland durchschneidenden

In Klitmøller werden Träume wahr: ein Haus am Meer

Limfjord, ist das Land lieblicher, wird vielfach landwirtschaftlich genutzt. Am Limfjord liegt auch Thisted, das Metropölchen der Region, in der auch menschliche Betätigungen in reizvollem Kontrast stehen: Einerseits wird noch traditionelle Küstenfischerei betrieben, andererseits wird gesurft, gesupt und gekitet, was das Zeug hält – 31 Surfspots gibt es zwischen Agger im Süden und Vigsø östlich von Hanstholm! Und schließlich ist da noch Mors, die größte Insel im Limfjord, ein Hotspot für Austernliebhaber und Fossiliensammler. *visitthy.de*

DER NORDWESTEN

MARCO POLO HIGHLIGHTS

★ NATIONALPARK THY
Strand, Dünen, Heide, Wald: 244 km^2 geschützte Küstennatur ➤ S. 80

★ VESTERVIG KIRKE
Weithin sichtbar: Skandinaviens größte Dorfkirche ➤ S. 84

★ HANKLIT
Ein Fest für Geologen und Fossiliensammler ➤ S. 87

★ KLITMØLLER
Surfen und chillen im „Hawaii des Nordens" ➤ S. 93

★ BULBJERG
Eissturmvögel und Dreizehenmöwen leben auf Jütlands einzigem Vogelfelsen ➤ S. 95

★ THORUP STRAND
Platz für 19 Fischkutter: Nordeuropas größter Strandanlandeplatz ➤ S. 94

SYDTHY

(🕮 A-B7-8) **Unter Süd-Thy versteht man die Region von Agger im Süden bis Stenbjerg und Snedsted im Norden.**

Sie ist mit nur etwa 11 000 vorwiegend in kleinen Dörfern lebenden Menschen recht dünn besiedelt und landwirtschaftlich geprägt. Südlich von Agger zieht sich die Nehrung Agger Tange bis zum Thyborøn-Kanal. Sie gehört zum 2008 eingerichteten *Nationalpark Thy* und ist im Frühjahr und Herbst Rastplatz für Zehntausende Wasser- und Watvögel. Die vorgelagerten Sandbänke sind Ruheplätze von Seehunden und Kegelrobben.

ZIELE IN SYDTHY

1 AGGER

Eine hübsche Kirche, ein kleines Fischereimuseum, ein gutes Restaurant: Beschaulich geht es in dem 350-Ew.-Dorf zu. Bis auf zwei Tage im Mai, dann bebt die Erde während des „Heavy Agger"-Metal-Festivals.

Sehenswert sind *De sorte Huse* (die schwarzen Häuser) am Rand der Dünen, Ende des 19. Jhs. für Bauarbeiter im Küstenschutz, für Werkstätten und als Materiallager errichtet. Heute ist hier eine kleine Ausstellung zur Ortsgeschichte und zum Küstenschutz untergebracht und es gibt regelmäßig Kunstausstellungen. Im kleinen Hafen an der *Krik Vig* liegen Fischerboote, außerdem ist die Bucht ein ruhiges und daher beliebtes Revier für Wind- und Kitesurfer. *🕮 A8*

2 FLADE SØ

Stimmt. Dieser See im Norden von Agger ist wirklich flach *(flade)*. Zusammen mit dem Ørum Sø und zwei Auen bildet er ein Biotop mit seltenen Pflanzen, vielfältiger Vogelwelt und artenreichem Fischbestand. Die Seen sind an verschiedenen Stellen zugänglich, und wer´s kann, darf hier angeln *(Infos und Angelkarten im Touristbüro Thy: Jernbanegade 4 | Hurup)*. *🕮 A8*

3 LODBJERG FYR

Acht Straßenkilometer nördlich von Agger steht schon seit 1884 auf einer Düne am Rand der Lodbjerg Klitplantage der 35 m hohe, graue Leuchtturm. Nach dem Besuch der Aussichtsplattform in 48 m Höhe wartet im ehemaligen Leuchtturmwärterhäuschen ein nettes *Café (Ostern–Okt. tgl. 11–16 Uhr). Tgl. 7–21 Uhr | Eintritt 30 Kronen | Lodbjergvej 33 | 🕮 A7*

4 VESTERVIG KIRKE ★

Außerhalb des Dorfs Vestervig thront Skandinaviens größte Dorfkirche mit ihrem weiß getünchten Turm hoch über dem Land. Die wuchtige, Anfang des 11. Jhs. erbaute dreischiffige Basilika ist so groß, dass sie einst Schiffen als Landmarke diente. Im Inneren sind die Fresken, die Kanzel und der Altar sehenswert, draußen die uralte Sonnenuhr an der Südseite. *Tgl. 7–21 Uhr | Klostergade 1 | Vestervig | vestervig-kirke.dk | 🕮 A8*

5 HELTBORG MUSEUM

Vorbei an rekonstruierten Hütten aus der Eisenzeit, betrittst du das Museum und befindest dich gleich in einer bunten Bilderschau: Gemälde von

Rinderglück: Im Nationalpark Thy finden sich nicht nur Wasservögel und Seehunde

Jens Søndergaard und weiteren Malern und Malerinnen der Neuzeit, die einen Bezug zur Region Thy hatten und haben. Im Sommer wird im *Jernaldergården* (Eisenzeitgarten) der Alltag eisenzeitlicher Bauern und Handwerker nachgelebt. *April–Okt. Di–So 13–16 (Juli tgl. 11–16) Uhr | Eintritt 50 Kronen | Skårhøjvej 15 | Heltborg | museumthy.dk | 1 Std. | A8*

6 NORDISK FOLKECENTER FOR VEDVARENDE ENERGI

Wer wissen will, wie die Dänen die Energiewende herbeiführen (wollen), der ist hier, im „Nordischen Volkszentrum für Erneuerbare Energie", richtig. Bei einem Rundgang durch das Forschungs- und Testzentrum erfährt man viel über das Thema – von nachhaltiger Architektur über Solarenergie bis zur Wasseraufbereitung. *Mo–Do 8–16, Fr 8–13 Uhr | Eintritt 30 Kronen | Kammergårdsvej 16 | Sdr. Ydby | folkecenter.eu | 1 Std. | A8*

ESSEN & TRINKEN

TRI

„Der Limfjord, die Nordsee und das Land dazwischen" – für diese Küchenphilosophie gab's den Michelin-Stern. Wer 1400 Kronen anlegt, den erwartet ein Menü aus bis zu 15 kleinen, klar komponierten Gängen, die auch optisch ein Hochgenuss sind. Reservieren! *Fr/Sa 17.30–24 Uhr, Juli/Aug. s Website | Vesterhavsvej 5a | Agger | Tel. 22 70 79 99 | restaurant-tri.com | €€€ | A8*

INSIDER-TIPP
Großer Genuss fürs Geld

HOTEL THINGGAARD

Die etwas altmodisch anmutende Einrichtung des Restaurants täuscht, wird hier doch traditionelle dänische mit moderner nordischer Küche gekonnt kombiniert. *Tgl. 8–22 Uhr, Okt.–Mai So geschl. | Jernbanegade 5 | Hurup | Tel. 97 95 12 00 | hotelthinggaard.dk | €€–€€€ | A8*

TAMBOHUS KRO & BADEHOTEL

Bis ins Jahr 1823 reicht die Geschichte dieses Kros am Damm zur Insel Jegindø zurück, dessen Küche – ob Scholle, Ribeye-Steak oder Miesmuscheln – einen sehr guten Ruf hat. Lass unbedingt Platz fürs Dessert! Die Rote Grütze mit Sahne, die Zitronentorte mit Lakritzrand und Zitronensorbet oder der Käse mit Holunder-Sanddorn-Kompott sind wahrhaftig ein Gedicht. *Tgl. 12–15 u. 17.30–20 Uhr | Tambogade 37 | Thyholm | Tel. 97 87 53 00 | tambohus.dk | €€ |* *E9*

INSIDER-TIPP
Yummy … Rødgrød med fløde!

WELLNESS

SYDTHY KURBAD

Alles dran an diesem Wellnesstempel: Massagebassin mit Sternenhimmel, Salzgrotte, (Bio-)Saunen, im Garten finnische Sauna, Lounge und runde Pools, im Café gibt´s gesunde Salate und Sandwiches. *Öffnungszeiten s. Website | Eintritt 195 Kronen | Idrætsvej 5 | Hurup | sydthy-kurbad.dk |* *A8*

MORS

(B-C7-8) **Die größte der Inseln (367 km²) im Limfjord erreichst du am besten über Skive und die Sallingsund-Brücke oder über Holstebro und die Vilsund-Brücke südlich von Thisted.**

Es gibt aber auch zwei Fährverbindungen von Thy aus: im Westen über den Næssund und im Norden über den Feggesund *(Infos unter destination limfjorden.de, Suchbegriff: Fähren)*. Ein 151 km langer Küstenwanderweg

Uraltes Gestein, das nur hier das Licht über der Nordsee erblickt: die Moler Kliffe auf Mors

führt einmal rund um die Insel, deren schönster Badestrand bei Sillerslev im eher landwirtschaftlich geprägten Süden liegt. Der Norden ist berühmt für seine steilen Kliffe aus Moler – einem 55 Mio. Jahre alten feinkörnigen, fossilreichen Sedimentgestein –, die es weltweit nur im westlichen Teil des Limfjords gibt. Den perfekten Mors-Überblick hast du vom höchsten Punkt der Insel, dem 89 m hohen *Salgjerhøj*, der ebenfalls im Inselnorden liegt, beim Dorf Flade. *visitmors.de*

ZIELE AUF MORS

7 NYKØBING MORS

In der Inselhauptstadt leben 9000 der 20 000 Insulaner, von denen sich nicht wenige im Sommer am Stadtstrand, dem *Østerstrand*, vergnügen. Ältestes Gebäude der Stadt ist das *Dueholm Kloster (Dueholmgade 9 | museummors.dk)* aus dem Jahr 1371, sehenswert ist auch die *Nykøbing Mors Kirke (Kirkegade 2 | nykoebingmors kirke.dk)* von 1891. Warum Nykøbing Mors auch „Dänemarks Schalentierhauptstadt" genannt wird, zeigt das *Skaldyrcenter (Øroddevej 80 | skaldyr center.dk)*, das sich der Erforschung und Vermarktung von Muscheln, Austern und Krustentieren widmet. *C8*

8 JESPERHUS BLOMSTERPARK

Aus Skandinaviens größtem Blumenpark – für Erwachsene immer noch die größte Attraktion der 8 ha großen Anlage – ist ein Vergnügungs-, Wasser- und Sportpark geworden. Er bietet Jugendlichen und Kindern alles, was sie sich wünschen, von Angelsee und Bowlingbahn bis Par-3-Golfplatz und 4D-Kino. *Mai–Okt. Zeiten s. Website | Eintritt 228, Kinder 198 Kronen | Legindvej 30 | Nykøbing Mors | jesperhus. dk | 1½ Std. | C8*

9 HANKLIT ★

17 km nördlich von Nykøbing Mors erhebt sich diese Klippe 61 m hoch über der Thisted Bredning. Schichten aus hellem Moler-Gestein wechseln sich ab mit dunklen aus vulkanischer Asche. Das Kliff ist als Unesco-Welterbe nominiert, und du kannst es auf einem Rundwanderweg von oben und vom Strand aus bewundern. Nur das Buddeln nach Fossilien ist verboten! *Zufahrt über Gullerup, der Wanderweg beginnt am Parkplatz oberhalb des Kliffs | C7*

10 FOSSIL- OG MOLERMUSEET

Faszinierender als die Erklärungen der Inselgeologie sind sicherlich die ausgestellten Fossilien: Fische, Vögel, Insekten und Reptilien. Highlight für Hobby-Paläontologen: Führungen zu Fossilienfundstätten, bei denen sie selbst nach versteinerten Urzeitlebewesen graben dürfen. *April/Mai, Mitte Aug.–Nov. Di–Sa 11–15, Juni–Mitte Aug. tgl. 10–16 Uhr | Eintritt 80 Kronen, Kinder frei | Skarrehagevej 8, links ab von der 581 im Inselnorden | museum mors.dk | 1 Std. | C7*

ESSEN & TRINKEN

STEENBERGS

Die Brasserie im gleichnamigen Hotel setzt auf lokale Frischeküche: Austern und Muscheln aus dem Limfjord,

Farbspiele mit Fischerbooten: am Strand bei Nr. Vorupør

Fisch aus Hanstholm, Fleisch von Inselproduzenten, Biokäse aus der Thise Mejeri in Roslev. *Di–Do 17–22, Fr/Sa 12–22 Uhr | Toldbodgade 10 | Nykøbing Mors | Tel. 72 40 70 00 | steenbergs.dk | €€–€€€ | C8*

CAFÉ HOLMEN

Absolut *hyggelig*: Drinnen sitzt man auf kunterbunt kombinierten Stühlen und Sofas zwischen allerlei Vintage-Deko, draußen auf der großen Terrasse direkt am Yachthafen. Wem „Holmens hyggelige snacks" nicht genügen, der bestellt *Pariserbøf, stjerneskud* oder Burger. *So, Di–Do 10.30–16.30, Fr/Sa 10.30–20.30 Uhr | Holmen 3 | Nykøbing Mors | Tel. 97 72 31 00 | cafeholmen.dk | €–€€ | C8*

SHOPPEN

WIIBEN

Im „Kiebitz" kannst du mal so richtig rumstöbern. Das Sortiment ist umfangreich und recht geschmackvoll: Klamotten und Schuhe, Keramik und Steingut, Schmuck, Glas und Deko. *Mo–Do 9.30–17, Fr 9.30–18, Sa 9.30–13 Uhr | Kirketorvet 2 | Nykøbing Mors | wiiben.dk | C8*

NR. VORUPØR

(A6) **Aus dem einfachen Fischerdorf (650 Ew.) ist längst ein beliebtes Reiseziel geworden. Im Sommer drängen sich Urlauber, Tagestouristen, Autos und Fahrräder in dem für solchen Ansturm viel zu kleinen, dicht bebauten „Zentrum" vor dem Hauptzugang zum Strand.**

Doch immer noch wird mit ein paar Kuttern im Nebenerwerb Küstenfischerei betrieben, und die Motorwinden auf dem *landingsplads* am Strand sind fast täglich in Betrieb. Der Fang wird gleich vor Ort verkauft, u. a. in zwei Fischläden mit angeschlossener Räucherei. *visitthy.dk, vorupor.dk*

SIGHTSEEING

NATIONALPARKCENTER THY

Dänemarks erstes Nationalparkzentrum hat von außen etwas von einem Bunker, wurde es doch aus Beton in Vorupørs Stranddüne hineingebaut.

Den Innenraum beherrscht ein interaktives hölzernes Landschaftsmodell des Nationalparks. Schaukästen, ein Film zur Entstehungsgeschichte des Parks, Fotos und Bücher vervollständigen die Ausstellung. *Feb.–April, Okt.–22. Dez. tgl. 11–15, Mai–Sept. tgl. 10–17 Uhr | Eintritt frei (Spende willkommen) | Vesterhavsgade 168 | nationalparkthy.dk | ⏲ 45 Min.*

NORDSØ AKVARIET

Das Nordseeaquarium zeigt ca. 80 Fischarten vom Aal bis zum Steinbutt. Nicht nur für Kids ein Erlebnis: die *Haifütterung (in den Schulferien Mo/Do 13 Uhr)* und das Streichelbecken mit Krabben und kleinen Rochen. *Ostern–Juni, Sept./Okt. tgl. 10–16, Juli/Aug. 10–18 Uhr | Eintritt 60, Kinder 30 Kronen | Vesterhavsgade 131 | nordsøakvariet.dk | ⏲ 1½ Std.*

ESSEN & TRINKEN

KLOCHS SPISESTED

Leger und unkonventionell, wie sie ist, passt diese Gaststätte perfekt in den Ferienort. Es gibt acht Burgervarianten, Spareribs, Steaks und – fürs Grünzeug – eine Salatbar. *Mi–Fr 17–21, Sa/So 12–21 Uhr | Vesterhavsgade 164 | Tel. 29 92 81 45 | klochs.com | €€*

PANDEKAGEHJØRNET

Auf der Holzterrasse der „Pfannkuchenecke" sitzen, das Strandtreiben an sich vorbeiziehen lassen und einen *pandekage* verspeisen – süß (z. B. mit Eis und Sirup) oder herzhaft (z. B. mit Lachs). *Do–So 12–17 Uhr, in der Hochsaison tgl. | Vesterhavsgade 129 A | Tel. 60 82 33 73 | pandekagehjoernet.dk | €*

SHOPPEN

SVANEBRO

Viele Produkte mit Thy-Bezug und ein paar, denen man das Etikett „Thy" aufgeklebt hat. Das Sortiment ist breit und wertig, es reicht von Bonbons und Schnaps über Senf und Seifen bis zu Mützen und Hoodies. *Mi–Mo 11–17 Uhr | Vesterhavsgade 129 | svanebro.dk*

STRANDET

Das Projekt „Gestrandet" hat sich der Abfallbeseitigung an den Stränden der Westküste verschrieben. Von 2019 bis Mitte 2023 haben die Mitarbeiter immerhin über 22 000 kg Plastikmüll eingesammelt. Wenn du mal mitsammeln willst, schau einfach vorbei oder auf die Website. Im Kiosk der Werkstatt kannst du aus „Ozeanplastik" recycelte, handgefertigte Produkte kaufen. *Mo–Fr 10–15 Uhr | Vesterhavsgade 22 | Tel. 28 76 99 36 | strandet.io*

INSIDER-TIPP
Design aus Plastikmüll

STRÄNDE

In die Brandungswellen steigen kannst du beiderseits der Mole; es gibt eine Surfschule, die auch Meerkajaks vermietet. Der *Strand von Sdr. Vorupør* ist der schönste des Orts. Einzigartig ist das ganzjährig geöffnete *Havbad* (Meeresbad) an der Mole: Hier kannst du mit Blick auf wilde Wogen ganz sicher und entspannt herumplanschen.

RUND UM NR. VORUPØR

11 STENBJERG

7 km südl. von Vorupør/10 Min. über 181 und 571 (Auto)

Das Interessanteste an dem 200-Ew.-Dorf ist der *Stenbjerg Landingsplads (stenbjerglandingsplads.dk)*: liebevoll in Schuss gehaltene, über 100 Jahre alte Fischerhütten mit einer Ausstellung inklusive Rettungsboot in der alten Rettungsstation, einem kleinen Museum zur Küstenfischerei und ein paar Fischerbooten am – übrigens sehr schönen – Strand. Ein Ausflug nach Stenbjerg lohnt sich aber auch wegen des *Stenbjerg Kro (Di–Sa 12–15 u. 17.30–20, So 12–15 Uhr | Stenbjerg Kirke Vej 21 | Tel. 97 93 80 65 | stenbjerg-kro.dk | €€)*, um hier das in Bier und Apfelmost geschmorte Galloway Studebov (Stew) zu essen oder die *Nationalparkplatten* mit Sild, Fischfrikadelle, Grillwürstchen, geräuchertem Hirschfleisch und Thybo-Biokäse. *stenbjergthy.dk | A7*

INSIDER-TIPP
So schmeckt Thy!

THISTED

(B-C6) **In der Hauptstadt der Region Thy (13 500 Ew.) sollte dich der Weg zunächst zum Hafen führen, wo oft der Dreimastschoner „Skonnerten Jylland" festgemacht hat.**

Dann könntest du noch einen Blick auf die Yachten in der Marina werfen, bevor du durch die Fußgängerzone hoch ins Stadtzentrum marschierst: zum Marktplatz Store Torv mit dem hübschen *Gamle Rådhus* und der *Thisted Kirke* aus dem 15. Jh. Zum Abschluss setz dich doch in eines der Straßencafés und probier eines der erstklassigen Biere aus dem *Thisted Bryghus (thisted-bryghus.dk). visitthy.dk, visitnordvestkysten.de*

SIGHTSEEING

THISTED MUSEUM

Ausstellungen zur Geschichte der alten Kaufmannsstadt ab dem Mittelalter, vor allem aber Fundstücke und Kostbarkeiten aus Stein-, Bronze- und Eisenzeit. *Di–So 11–16 Uhr | Eintritt 75 Kronen | Jernbanegade 4 | museumthy.dk | 1½ Std.*

ESSEN & TRINKEN

CAFÉ BRYGGEN

Man sitzt auf der Terrasse, blickt auf den Hafen und isst einen Salat oder einen (veganen) Burger. Abends genießt man in stylishem Ambiente eine Fischsuppe oder ein Steak vom Angusrind. *So–Do 10–22, Fr/Sa 10– 24 Uhr | Havnetorv 3 | Tel. 39 39 16 26 | bryggencafe.dk | €–€€*

BRYGGEN

Direkt an der Marina wird eine feine nordische, saisonal geprägte Küche mit internationalen Anklängen gepflegt. Von der regelmäßig wechselnden Speisekarte wählst du am besten zwei bis drei kleine oder ein großes Gericht. Oder du orderst gleich ein drei- bis fünfgängiges Menü. *Mi/Do 17–24, Fr/*

Sa 17–2 Uhr | Sydhavnsvej 9 | Tel. 97 92 30 90 | restaurantbryggen.dk | €€€

SHOPPEN

CHOKOLADEKURVEN

Hier läuft einem schon beim Blick in die Vitrinen das Wasser im Mund zusammen: Schokokugeln und -tafeln, hausgemachtes Eis in x Sorten *(April–Okt.)*, *flødeboller* (Schaumküsse), Salz(mischungen), Bonbons und Lakritz der Thisteder Manufaktur *Svanenet (svanenet.com)*, Tee, Kaffee und Wein. *Mo–Do 9.30–17, Fr 9.30–18, Sa 9.30–14 Uhr | Vestergade 22 | chokoladekurven.dk*

SPORT & SPASS

THY CABLEPARK

Cold Hawaii Inland liegt im Thisted Bredning im Osten der Stadt. Hier trifft man sich zum Wakeboarding und Waterskiing „an der Leine". Auch SUP- und Kajakkurse werden angeboten, und alles Equipment kannst du ausleihen. Der Clou in der kalten Jahreszeit: das Winterbaden mit anschließendem Saunagang! *Di–So 12–16/18 Uhr und s. Website | 2 Std. 350 Kronen, Tageskarte 400 Kronen inkl. Ausrüstung | Vibedalsvej 2 | thycablepark.dk*

INSIDER-TIPP
Menschen mit Eiszapfen

AUSGEHEN & FEIERN

HEIDI´S BIERBAR

O´zapft is! Am Wochenende ist Après-Ski-Party. Dann servieren Däninnen im Dirndl 30 verschiedene Biere, man tanzt zu Partyschlagern und gibt sich mit Jägermeister, Wodka & Co die Kante. Dazu vibriert hier jede Samstagnacht die Decke – wenn die dröhnenden Beats der Disco *Dampmøllen*

Ganz allein mit dem Wind und den Wellen: am Stenbjerg Strand

Düster brütende Mahnung an finstere Zeiten: Weltkriegsbunker bei Hanstholm

(Sa 23–5 Uhr | dampmollen.dk) im 1. Stock die Dancefloors zum Beben bringen. *Do 20–3, Fr/Sa 21–5 Uhr | Østerbakken 11 | heidisbierbar.dk*

HANSTHOLM

(🕮 B5) **Zwei Dinge prägen das Ortsbild des nicht besonders attraktiven Hafenstädtchens (2100 Ew.): die Hafenanlagen der Fischindustrie und die Bunker des Atlantikwalls.**

An keinem Ort in Dänemark wird mehr Fisch angelandet, und kaum ein Ort hat mehr unter der deutschen Besatzung gelitten: 1942 wurden sämtliche Einwohner zwangsumgesiedelt, um hier die Festung Hanstholm in die Landschaft zu betonieren. Ein Bummel im Hafen mit den vielen Fischkuttern in sämtlichen Größen lohnt sich allemal, und sei es nur, um in der *Alten Räucherei (Det Gamle Røgeri | tgl. 10–18 Uhr | Kuttergade 7 | roegeriet.dk | €)* Fisch zu kaufen oder zu essen. *visitthy.dk, visitnordvestkysten.de*

SIGHTSEEING

BUNKERMUSEUM

In der größten nordeuropäischen Festungsanlage des Zweiten Weltkriegs kannst du im 3000 m² großen Museumsbunker das Leben der Soldaten nachvollziehen. Im Dokumentationszentrum wird die Ausstellung „Feind & Nachbar – Hanstholm ist besetzt" gezeigt, dazu gibt es Wechselausstellungen und einen Getränkeshop. Drei Spazierwege führen durch die weitläufige Anlage mit ihren Bunkern und Geschützen, im Sommer fährt die restaurierte *Munitionsbahn (10-minütige Fahrt 25 Kronen | Fahrplan s.*

Website) übers Gelände. *Feb.–Mai, Sept.–Nov. tgl. 10–16, Juni–Aug. 10–17 (Do bis 21) Uhr | Eintritt 100 Kronen, Kinder (bis 17 J.) frei | Molevej 29 | bunkermuseumhanstholm.dk | 2 Std.*

HANSTHOLM FYR

Der Nordatlantik-Leuchtturm verschafft dir von der Aussichtsplattform in 65 m Höhe Überblick. Im Turm und den Nebengebäuden sind Ateliers und Räume für Kunstausstellungen untergebracht, das *Lanternen Café (Fr/Sa 10–17, So 10–15 Uhr)* und die Touristinformation. *Tgl. 10–21 Uhr, Ausstellungsraum Fr–So, im Sommer tgl. 10–16 Uhr | Eintritt 35 Kronen, Kunstausstellungen extra | Tårnvej 7 | hanstholmfyr.dk*

ESSEN & TRINKEN

FÆRGEGRILLEN

Gutes, günstiges Restaurant mit Hafen- und Meerblick. Ob *stjerneskud*, Burger, Fish & Chips oder Salat – alles schmeckt. Das jeweilige Tagesgericht (z. B. Schweinebraten mit Rotkohl für 98 Kronen) steht auch auf der Web- bzw. Facebook-Seite. *Mo–Fr 11.30–19, Sa/So 12–19 Uhr | Kai Lindbergs Gade 77 | Tel. 97 96 07 07 | faergegrillen.dk | €*

HANSTHOLM MADBAR

Doppelter Genuss! Erstens ist da der Weitblick aufs Meer, zweitens die schnörkellos zubereiteten Speisen. Jahreszeitenküche mit regionalen Produkten – Hauptsache frisch! Auch wer nur etwas trinken oder eine Kleinigkeit essen will, kann hier das Panorama genießen. *Tgl. 12–23 Uhr | Helshagvej 98 | Tel. 81 71 19 12 | hanstholmmadbar.dk | €€*

RUND UM HANSTHOLM

12 HANSTHOLM VILDTRESERVAT

9 km südl. von Hanstholm/15 Min. über 26 bis zum Fugletårn (Auto)

Das 39 km² große Wildreservat ist Teil des Nationalparks Thy und in der Brutzeit (1. April–15. Juli) gesperrt. Das Zentrum des Gebiets ist sogar ganzjährig nicht zugänglich, um die reiche Tierwelt zu schützen. Es gibt ein paar Aussichtstürme, von denen der *Fugletårn (Vogelbeobachtungsturm)* bei Sårup im Nordwesten der Tved Klitplantage das ganze Jahr über bestiegen werden kann. Wer Geduld und ein Fernglas besitzt, kann hier im März/April den Balztanz der Kraniche und im Spätsommer Rudel von bis zu 400 Hirschen beobachten. *nationalparkthy.dk | B5–6*

INSIDER-TIPP
Hirsche röhren hören

13 KLITMØLLER ★

13 km südwestl. von Hanstholm/15 Min. mit dem Auto über die 181

Der alte Fischkutter „Bellis" liegt als Minimuseum auf dem Trockenen und zeugt von vergangenen Zeiten, als Klitmøller noch ein Fischerdorf war. Heute ist das Örtchen ein Surfer-Hotspot: In *Cold Hawaii* sieht man in der Surfsaison oft mehr Menschen in Neopren als Einwohner – es gibt 800 – und Normalurlauber. Wer nicht surft, nutzt abseits des Trubels den *Strand der lang gezogenen Bucht im Osten* oder den beim Campingplatz zum Baden.

Zum Sundowner trifft man sich im *Bar-Bistro Juliette (Do/Fr 17–open end, Sa 12–open end, So 12–17 Uhr | Ørhagevej 147 | Tel. 22 40 86 50 | juliette.dk | €€)* oder isst ein paar Tapas in der Kaffee-Bar *Haandpluk (Mo–Do 10–15, Fr 10–17, Sa 10–16 Uhr | Vestermøllevej 18 | haandpluk.dk | €)*. Zum Essen geht's ins Restaurant *Niels Juel (Juni Mi–Sa, Juli/Aug. Di–So 17.30–22 Uhr | Ørhagevej 150 | Tel. 71 99 63 63 | nielsjuel.com | €€€)* im Klitmøller Hotel für ein Filetsteak oder das Fisch- und Schalentierbüfett. *B6*

FJERRITSLEV

(E6) **Einst das Handelszentrum der historischen Region Han Herred zwischen Thy und Vendsyssel (Nordjütland), ist die Kleinstadt (3300 Ew.) heute so etwas wie das Einkaufszentrum dieser Region an der Jammerbucht.**

Ein kleines Stück der Gegend kannst du dir auf dem 5,9 km langen *Planetsti (Planetenweg)* erwandern, der von der Sonnenskulptur an der *Fjerritslev Kirke (Borups Alle 7)* geradewegs nach Norden zum Pluto am Kollerup Strand führt. *visitjammerbugten.de*

SIGHTSEEING

BRYGGERI- OG EGNSMUSEUM

Das Brauerei- und Kreismuseum zeigt in der alten Brauerei Kjeldgaard, wie die Bierproduktion zwischen 1897 und 1968 funktionierte. Im ersten Stock kann man sehen, wie die Brauerfamilie im 20. Jh. lebte. *Mitte Feb.–Juni, Sept.–Nov. Mo/Do 11–14, Juli/Aug. Mo–Fr 10–15, Sa 10–12 Uhr | Eintritt 50 Kronen | Østergade 1 | fjerritslevmuseum.dk | 45 Min.*

SHOPPEN

KRAGH´S JAGT & FISKERIARTIKLER

Mann muss kein Jäger sein und Frau keine Anglerin, um hier fündig zu werden. Auf 600 m² gibt es nämlich auch ein breites Sortiment hochwertiger Kleidung und Accessoires – von Sonnenbrille über Outdoorjacke bis Gummistiefel. *Di–Fr 9–17.30, Sa 9–13 Uhr | Aggersundvej 322 | kraghs-jf.dk*

SPORT & SPASS

IDRÆTSCENTER JAMMERBUGT

Das Freizeitzentrum verfügt u. a. über ein Schwimmbad mit 25-m-Becken, eine Sauna und ein Fitnesscenter. *Schwimmbad Di/Mi 18–21, Sa 13–15 Uhr | 30 Kronen | Brøndumvej 14–16 | idrætscenterjammerbugt.dk*

RUND UM FJERRITSLEV

14 THORUP STRAND

13 km nordwestl. von Fjerritslev/ 15 Min. über 569 (Auto)

Nordeuropas größter Strandanlandeplatz ist auch der letzte, von dem aus noch professionell Küstenfischerei betrieben wird – mit 19 Fischkuttern, nachhaltig, umweltschonend. Der Fang wird direkt vom Kutter und landesweit verkauft. Oder Scholle, Dorsch und Co wandern ins *Thorupstrand Fiskehus (So–Do 11–15, Fr/Sa 11–19 Uhr | Thorupstrandvej 329 | Tel. 50 46 90 81 | thorupstrandfiskehus.dk | €)*, wo sie auch verspeist werden können. Urlauber finden in Thorup Strand Ruhe, wenig Menschen, viel Natur und mit *Kunstunik (Ende Juni–Anf. Sept. Di–So 11–17 Uhr, sonst n. V. Tel. 25 78 54 01 u. 22 23 85 66 | Havvejen 49 | kunstunik.dk)* einen Laden zum Stöbern zwischen Glaskunst, Keramik und Gartendeko. *thorupstrand.dk* | *D5*

15 BULBJERG ★

21 km nordwestl. von Fjerritslev/ 20 Min. über 569 (Auto)

Im Westen der Jammerbucht, am nördlichen Rand ausgedehnter Heide- und Waldflächen mit herrlichen Rad- und Wanderwegen, erhebt sich der einzige Vogelfelsen des dänischen Festlands. 47 m hoch ist er und Brutplatz für ca. 500 Paare der Dreizehenmöwe, dazu Eissturmvögel, Basstölpel, Raubmöwen und Papageitaucher. Am Parkplatz wurde ein Bunker zum Gratismuseum umfunktioniert mit Infos über Geologie, Vögel und Geschichte der Umgebung. Bei Niedrigwasser kann man an den Strand zu Füßen des Felsens hinabsteigen – aber Vorsicht: Steinschlag- und Erdrutschgefahr! *D5*

16 VEJLERNE

13 km südwestl. von Fjerritslev/ 15 Min. über 29 bis Naturcenter (Auto)

Das ca. 60 km² große Feuchtbiotop mit Seen, Schilfwäldern, Sumpfzonen

Schnurstracks geht es zur Vogelbeobachtung: Vejlernes Naturcenter

und Strandwiesen ist Nordeuropas größtes Vogelschutzgebiet. Hier brüten seltene Arten wie Rohrdommel, Trauerseeschwalbe und Kampfläufer, Bartmeise und Rebhuhn. Auch Fischotter leben hier. Die Landstraße 11/29 führt über einen Damm zum *Vejlernes Naturcenter* mit Infoterminals, Schaukästen, ausgestopften Vögeln und einer Aussichtshütte. Insgesamt gibt es fünf Beobachtungstürme und 15 Aussichtspunkte im Gelände – also Fernglas mitnehmen! *D6*

INSIDER-TIPP
Schnatter, flöt, piep, pfeif …

17 LØGSTØR

16 km südl. von Fjerritslev/20 Min. über 29 (Auto)

Muslingebyen (Muschelstadt) nennt sich das Städtchen, leben hier doch viele der 4000 Ew. von Zucht und Ernte der Limfjordmuscheln. Diese Einnahmequelle wird bei Festen rund um die Miesmuschel im April und Juli ausgiebig gefeiert. Beiderseits des 4,4 km langen *Frederik VII's Kanals* – auf dem du mit einem Ruderboot herumschippern kannst – stehen die Gebäude des *Limfjordsmuseet (Ostern–Mitte Juni, Sept.–Mitte Okt. Sa/So, Mitte Juni–Aug. tgl. 10–17 Uhr | Eintritt 80 Kronen inkl. Ruderbootleihe, Kinder frei | Kanalvejen 40 u. Fischersgade 89 | limfjordsmuseet.dk | 2 Std.)*. Und das ist mehr als nur ein Museum: Neben den Ausstellungen gibt es Aquarien, eine Schnapsbrennerei, eine Bootswerft und ein Dutzend historischer Schiffe auf dem Kanal. Auch bietet das Museum eine ganze Reihe verschiedener Aktivitäten und Touren an. Die „Küche des Kanalvogts", *Kanalfogedens Køkken (tgl. 12–20 Uhr | Fischersgade 89 | Tel. 98 67 11 39 | kanalfogeden.dk | €€)*, serviert u. a. Muscheln mit Knoblauch, mit Ingwer oder mit Fenchel. Die leckeren Tapas gibt es auch zum Mitnehmen. *muslingebyen.dk, visitvesthimmerland.de* | *E6*

18 SVINKLØV STRAND

8 km nordöstl. von Fjerritslev/10 Min. über Svinkløvvej (Auto)

Über der Küste erhebt sich ein grünes Kliff, das aus bis zu 50 m Höhe sanftwellig zum Strand hin abfällt. Das Restaurant des *Svinkløv Badehotel (Mitte April–Anf. Okt. tgl. 12–14, 15–16.30 u. 18–21 Uhr | €€–€€€, s. auch „Schöner schlafen")*, das hier wunderschön einsam liegt, bietet eine feine saisonale, ökologisch orientierte Küche an. Es lohnt sich auch, hier nachmittags auf ein Stück Zitronentorte einzukehren. Fast bis zur Kliffkante reicht die

Skandinavisch schön schmiegt sich das Svinkløv Badehotel in die Strandnatur

Svinkløv Klitplantage mit schönen Wanderwegen und einem Mountainbiketrail. E5

19 SLETTESTRAND

12 km nordöstl. von Fjerritslev/ 15 Min. über Svinkløvvej (Auto)

Schön ist es hier und nicht überlaufen. Der Weg zum Strand führt vorbei an einer riesigen schwarzen Metallkrabbe, und auf dem Sand liegen ein paar schmucke weiße Fischkutter, denen man ansieht, dass sie in der Bootswerft *Han Herred Havbåde (Havbådehuset | Slettestrandvej 160)* überholt wurden. Die Museumswerft hat sich der Restaurierung und dem Neubau traditioneller Klinkerkutter verschrieben. Man speist sehr gut im Strandhotel *Klitrosen (Mitte März–Mitte Juni, Sept.–Mitte Okt. Mi/Do 17–21, Fr/Sa 11.30–22, So 11.30–16, Mitte Juni–Aug. tgl. 11.30–22 Uhr | Slettestrandvej 130 | Tel. 98 20 80 20 | klitrosen.dk | €€€)*, wo die gebratene Scholle mit Moosbeeren, Kapern, gegrillter Zitrone und Petersiliensauce serviert wird. *slettestrand.dk* | E5

20 TRANUM STRAND

20 km nordöstl. von Fjerritslev/ 20 Min. über Svinkløvvej und Kystvejen (Auto)

Und noch ein schöner Strand! Und auch hier gibt es nicht nur Sand und Meer, sondern auch das Kunst- und Kulturzentrum *Tranum Strandgård (Sa, im Juli auch Do/Fr 14–17, So 11–17 Uhr | Eintritt frei | Strandvejen 143 | tranumstrandgaard.dk)*, das Wechselausstellungen zeitgenössischer Künstler zeigt und Musikevents veranstaltet. Fußballgolf und Adventure-Minigolf kannst du bei *Jammerbugtens Fodboldgolf (April–Sept./Okt. | Fußballgolf-Greenfee 100 Kronen, Minigolf 65 Kronen | Strandvejen 78 | jbfodboldgolf.dk)* spielen und hervorragend essen im *V-Hav (Ende Juni–Ende Aug. tgl. 11.30–15 u. 17 Uhr bis Sonnenuntergang | Strandvejen 151 | Tel. 31 21 24 97 | v-hav.dk | €€–€€€)* – auch das hausgemachte Eis ist hier toll, in fantasievollen Sorten wie Apfelrose, grüne Erdbeere oder Holunderblüte. E5

INSIDER-TIPP
1a Eis in Grün, Rosa und Weiß

SCHÖNER SCHLAFEN IM NORDWESTEN

SCHLUMMERN AM MEER

Ein renommiertes Hotel in einmaliger, einsamer Lage in den Dünen, nur wenige Meter vom Strand ist das *Svinkløv Badehotel (Mitte April–Anf. Okt. | Svinkløvvej 593 | Svinkløv | Tel. 98 21 70 02 | svinkloev-badehotel.dk | €€€)*. 36 Zimmer mit Blick auf Wald und Heide oder aufs Meer. Gutes Restaurant.

KUSCHELN IM FASS

Zehn einfach ausgestattete, aber absolut kuschelige Fasshütten fürs Campen allein oder zu zweit gibt's beim *Nystrup Camping (April–Okt. | Trøjborgvej 22 | Klitmøller | Tel. 97 97 52 49 | nystrupcampingklitmoller.dk | €–€€)*. Nobelkuscheln geht übrigens auch: beim Glamping in 4 Luxuszelten.

DER NORDEN

IN DÄNEMARK GANZ OBEN

Zwei schwungvolle Buchten prägen die Silhouette dieser Region aus der Vogelperspektive: die lang gezogene Jammerbucht und nördlich von ihr die Tannisbucht. Deren Wellen schlagen ans Ufer von Skagens Odde, vor deren Spitze das Wasser zweier Meere – Nord- und Ostsee, Skagerrak und Kattegat – spektakulär aufeinandertreffen.

Die Jammerbucht zwischen Thorup und Hirtshals trägt ihren traurigen Namen, weil hier in der ersten Hälfte des 16. Jhs. viele Schiffe,

Der Horizont ist ein ständiger Begleiter an der Küste von Hirtshals

die bei Sturm in der Bucht Schutz suchten, von den Küstenbewohnern – angeführt vom Børglumer Bischof Stygge Krumpen – mit falschen Leuchtsignalen auf den Strand gelockt und geplündert wurden und so samt ihrer Besatzung ein jammervolles Ende fanden. Heutzutage jammern höchstens die Urlauber, wenn sie diese raue und vielerorts noch ursprüngliche Landschaft mit ihrem unvergleichlich klaren Licht und dem unendlich weiten Himmel wieder verlassen müssen.

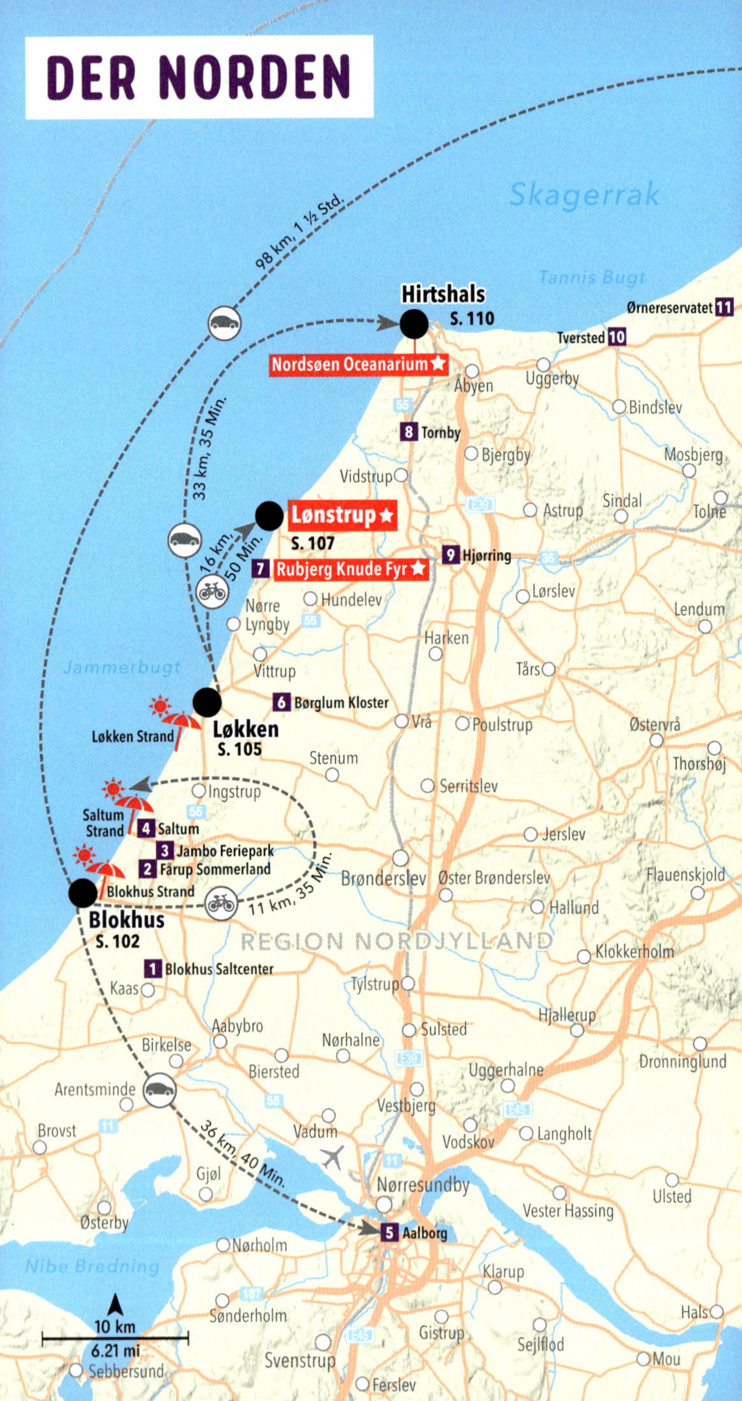
DER NORDEN
Skagerrak
Tannis Bugt
Jammerbugt
Nibe Bredning
REGION NORDJYLLAND
98 km, 1 ½ Std.
33 km, 35 Min.
16 km, 50 Min.
11 km, 35 Min.
36 km, 40 Min.
Hirtshals S. 110
Nordsøen Oceanarium
Lønstrup S. 107
7 Rubjerg Knude Fyr
Løkken S. 105
Løkken Strand
Saltum Strand
Blokhus Strand
Blokhus S. 102
1 Blokhus Saltcenter
2 Fårup Sommerland
3 Jambo Feriepark
4 Saltum
5 Aalborg
6 Børglum Kloster
8 Tornby
9 Hjørring
Tversted 10
Ørnereservatet 11
10 km
6.21 mi

MARCO POLO HIGHLIGHTS

★ **LØNSTRUP**
Galerien, Ateliers, Restaurants hoch oben auf dem Kliff ➤ S. 107

★ **RUBJERG KNUDE FYR**
Es war einmal ein Leuchtturm, der ging auf Wanderschaft ➤ S. 109

★ **NORDSØEN OCEANARIUM**
Besuch beim Mondfisch in Nordeuropas größtem Aquarium ➤ S. 110

★ **SKAGENS MUSEUM**
Die Skagenmaler – die größte Auswahl ihrer Werke ist hier versammelt ➤ S. 114

★ **GRENEN**
An der Spitze der Skagens Odde treffen sich die Wellen von Skagerrak und Kattegat ➤ S. 117

★ **RÅBJERG MILE**
Imposante Wanderdüne – jährlich schafft sie 15 Meter ➤ S. 117

BLOKHUS

(F4) **Wer nach Blokhus und an seinen Strand will, muss erst durch Hune (680 Ew.) – die beiden Örtchen gehen nahtlos ineinander über.** Die Straße führt abwechslungsreich vorbei an lockerer Bebauung, am Sandskulpturenpark und am Campingplatz, durch Waldstücke – und dann ist man mittendrin im Zentrum des beliebten Ferienorts Blokhus Strand (500 Ew.). Damit man auch weiß, dass man nun im Urlaub ist, knallt´s in den Sommerferien jeden Abend beim Sonnenuntergang, dann setzen die Herren der Kanonlaug (Kanonengilde) ein Böllerschüsschen aus einem ca. 220 Jahre alten Kanönchen auf einer Stranddüne ab. *visitjammerbugten.de*

SIGHTSEEING

MUSEUM FOR PAPIRKUNST

Faszinierend, was für schöne Dinge man aus Papier schaffen kann – kleinste und großformatige Kunstwerke, die im Spiel aus Licht und Schatten noch gewinnen. Wunderschöne Geschenkpapiere und Papierkunst kaufst du in der Museumsbutik. *Di–So 10–16 (Juli bis 17) Uhr | Eintritt 85 Kronen | Ilsigvej 2 | Hune | museumforpapirkunst.dk | 1 Std.*

INSIDER-TIPP
Nichts für den Papierkorb!

ANNE JUSTS HAVE

In dem riesigen Gartenparadies sind über 100 Staudensorten nach farblichen Gesichtspunkten komponiert, es gibt Wasserspiele und -bassins, Café und Shop. *Juni–Mitte Sept. Sa/So (Juli/Aug. auch Di–Do) 13–16 Uhr u. s. Website | Eintritt 90 Kronen | Postbakken 4 | Hune | annejust.dk | 1 Std.*

KULTURHUSET & SKULPTURPARKEN BLOKHUS

Das *Kulturhaus* beherbergt eine Kunst- und Geschenkboutique, eine Galerie und ein Café-Restaurant. Als Highlight leuchtet vor der Tür die weltgrößte Sandburg aus 6400 t Sand in Ocker und den Farben der Ukraine. Im *Sandskulpturenpark* nebenan findet das *Sandskulpturenfestival (Ende April–Okt.)* statt. *Aug.–Juni Di–So 10–17, Juli tgl. 10–19 Uhr (Park nur Ende April–Dez.) | Eintritt 125, Kinder 65 Kronen | Vesterhavsvej 6 | Hune | kulturhusetblokhus.dk | 2 Std.*

ESSEN & TRINKEN

RESTAURANT BLÅ

Fine Dining im *Strandhotellet*. Nordische Küche mit mediterranem Twist, so wird etwa der Seeteufel mit Mais-Limetten-Püree und Polenta serviert. *Tgl. 12 bis mind. 20 Uhr | Sønder i By 2 | Tel. 70 26 00 15 | restaurant-blaa.dk | €€€*

RESTAURANT NORDSTJERNEN

Im großzügigen Lokal mit seinen vielen Tischen isst du typisch dänisch, das zwei- oder dreigängige Monatsmenü *(Månedens Menu)* kostet 290/340 Kronen. *Tgl. 12–21 Uhr | Høkervej 1 | Tel. 98 24 93 91 | restaurantnordstjernen.dk | €€*

INSIDER-TIPP
Monatsweise Gutes

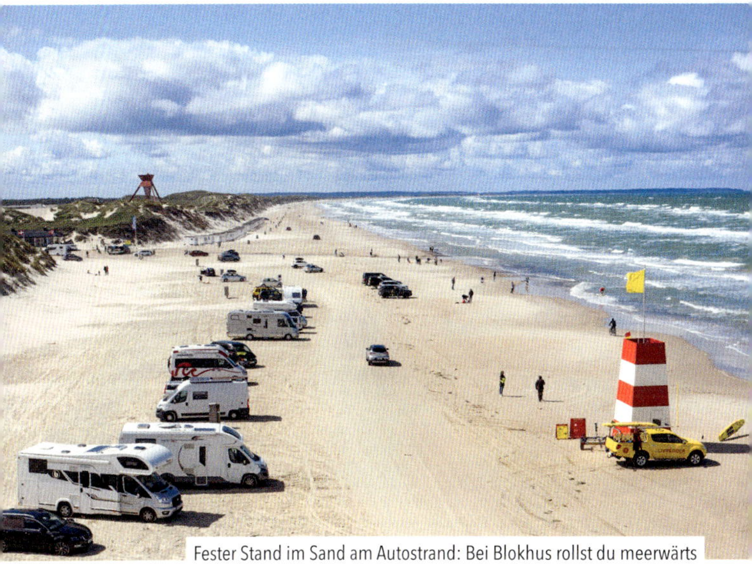
Fester Stand im Sand am Autostrand: Bei Blokhus rollst du meerwärts

KUNSTCAFEEN

Ob Brunch *(Sa/So)*, Salate oder Burger, ob Vegetarisches, das Tagesgericht oder einfach nur ein Drink: Hier kannst du nichts falsch machen. *Mo–Fr 11–21, Sa/So 10–21 Uhr | Strandvejen 12 | Tel. 70 23 17 51 | kunstcafeen-blokhus.dk | €€*

SHOPPEN

KALSTRUP LIVSSTILSHUS

Die wörtliche Übersetzung „Lebensstilhaus" beschreibt das breite Sortiment dieses 2000 m² großen Shoppingcenters ziemlich treffend. Kleinere Filiale in Løkken. *Tgl. 10–21, Do bis 22 Uhr | Torvet 3 | bykalstrup.dk*

JAN JØRGENSEN SMYKKER

Alles unter einem Dach: Goldschmiedewerkstatt, Schmuckatelier und dazu eine Kaffee- und Weinlounge, in der es den angeblich besten Kaffee in Blokhus gibt.

INSIDER-TIPP
Goldglanz und Kaffeeduft

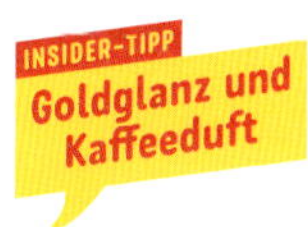

Di–Sa 10–17 Uhr, Mitte Juli–Aug. auch So | Springvandstorvet 4–6 | janjorgensensmykker.dk

STRAND

BLOKHUS STRAND

Zu Füßen der prominenten roten Seebake stehen 47 weiße Badehäuschen am Rand der Dünen. Wer keines besitzt – und das sind die allermeisten –, zieht sich in seinem Fahrzeug um, denn hier beginnt der breite Autostrand, der sich nordwärts bis nach Løkken zieht. Es gibt hier so viel Platz, dass sich Sonnenanbeter, Ballspieler, Wind- und Kitesurfer nicht in die Quere kommen.

WELLNESS

BLOKHUS FERIECENTER

Wenn's mal regnet: Pool mit 40-m-Rutsche und Gegenstromanlage, Whirlpool, Fitnessraum, Café. *Badeland tgl. 8–19.30, Fitness/Wellness tgl. 7–20.45 Uhr | Eintritt Badeland 75 Kronen, Fitness u./o. Wellness 100/75 Kronen | Høkervej 5 | blokhusferiecenter.dk*

RUND UM BLOKHUS

1 BLOKHUS SALTCENTER

8 km südöstl. von Blokhus/10 Min. über 559 und Kvorupvej (Auto)

Hier wird Salz aus der Nordsee gesiedet und pur oder veredelt im Hofladen verkauft. Du kannst dir auch dein eigenes Salz komponieren – mit frischen Kräutern aus dem hauseigenen Garten. Oder du testest mal das Badesalz bei einem Fußbad im Café des Centers! *Mo–Fr 10–17 Uhr | Helledivej 93 | Pandrup | blokhus-salt.dk | F5*

INSIDER-TIPP
Wohltat für die Füße

2 FÅRUP SOMMERLAND

6 km nördl. von Blokhus/10 Min. über 559 und Pirupvejen (Auto)

Mitten im Wald liegt Dänemarks größter Wasserpark. Der Hammer sind die Achterbahnen, mal 95 km/h schnell, aus Holz über und unter Wasser oder auch mal rückwärts fahrend. *Tgl. ganztägig geöffnet, genaue Zeiten s. Website | Ganztagsticket 275, Kinder bis 2 Jahre Eintritt frei | Pirupvejen 147 | faarupsommerland.dk | F4*

3 JAMBO FERIEPARK

8 km nördl. von Blokhus/15 Min. über 559, Pirup-, Faarup-, Solvejen (Auto)

Nein, du sollst in dieser Ferienanlage nicht Urlaub machen, aber du musst hier Minigolf spielen! Auf einer der größten Minigolfanlagen Europas mit 18 Kunstrasenbahnen, eingebettet in eine etwas gewöhnungsbedürftige Afrika-Landschaft voller comic-knuffiger Plastiktiere. *Ostern–Okt. tgl. 10–22 Uhr | pro Runde 80 Kronen | Solvejen 60 | Saltum | jambo.dk | F4*

4 SALTUM

13 km nördl. von Blokhus/20 Min. über 559 und Faarupvej

Zum Örtchen Saltum gehört ein schönes Ferienhausgebiet mit Häusern in den Dünen und im Wald. Der *Strand* ist genauso schön, aber nicht so voll wie in Blokhus oder Løkken. Am Kreisverkehr der Straße 55 solltest du mal in die Kirche gehen! Im Chor der *Saltum Kirke (saltumalstrupkirker.dk)* reibst du dir beim Anblick derber, freizügiger Deckenmalereien aus der Zeit um 1520 verwundert die Augen. F4

INSIDER-TIPP
Mittelalter-Comics

5 AALBORG

36 km östl. von Blokhus/40 Min. mit dem Auto über 559 und 55 (Auto)

Aalborg gehört zum Pflichtprogramm. Sehr gut erschließt man sich die Hafenmetropole (120 000 Ew.) auf einem *Streetart-Rundgang (Route unter enjoynordjylland.de)*: 75 Fassadengemälde sind über die Stadt verteilt. Was sollte man gesehen haben? Auf jeden Fall das von Jørn Utzon entworfene *Utzon Center (Di/Mi, Fr 11–17, Do 11–21, Sa/So 10–17 Uhr | Eintritt 100 Kronen | Slodspladsen 4 | utzoncenter.dk | ⏲ 1 Std.)* an der Hafenfront: Hier dreht sich alles um Architektur aus der ganzen Welt; Pause macht man im *Restaurant Jørn (€)*. Dann das von Alvar Aalto erbaute *Museum Kunsten (Di–Do 10–21, Fr–So 10–17 Uhr | Eintritt 130 Kronen | Kong Christians Allé 50 | kunsten.dk | ⏲ 2 Std.)*: Zu sehen sind über 4000 Werke moderner Kunst, dazu spannende Wechselausstellungen; *Brasserie Kunsten (€)*. Einen 1a-Rundumblick aus 55 m Höhe bietet der *Aalborg Tårnet (tgl. | Eintritt 50 Kronen | Sdr. Skovvej 30 | aalborgtaarnet.dk)*, sehr schön und interessant ist der *Zoo (Zeiten s. Website | Eintritt 235, Kinder 140 Kronen | Mølleparkvej 63 | aalborgzoo.dk)*. Abends geht es in die Kneipenmeile *Jomfru Ane Gade (jomfruanegade.dk)*. *enjoynordjylland.de* | *G6*

LØKKEN

(F-G4) **Kaum weniger beliebt als Blokhus, jedoch erheblich stilvoller und *hyggeliger* präsentiert sich der ehemalige Fischer- und heutige Badeort (1600 Ew.).**

Überall kleine Läden, in den Fußgängerstraßen Boutiquen, rund um den Torvet Restaurants mit Caféterrassen. Am Strand liegen neben der 200 m langen Mole immer noch ein paar bunte Fischkutter und zu Füßen der alten roten Seebake stehen – in Reih und Glied – 485 hübsche weiße Hütten: *Den hvide by* (die weiße Stadt) ist so etwas wie Løkkens Markenzeichen. Von Mai bis September schmücken die Badehäuschen den Dünensaum; sie gehören Einheimischen und werden innerhalb der Familien vererbt. *loekken.dk, toppenafdanmark.de*

SIGHTSEEING

KYSTFISKERIMUSEET

Die Attraktion des kleinen Küstenfischereimuseums in der alten Rettungsstation ist der 1944 vom Stapel gelaufene 7,5-t-Rettungskutter „Bent II". *Juni–Aug. tgl. 10–16 Uhr | Eintritt frei | Ndr. Strandvej | loekkenmuseum.dk | ⏲ 30 Min.*

Erinnerung an den Architekten Jørn Utzon: das Utzon Center an Aalborgs Hafen

ESSEN & TRINKEN

LØKKEN BADEHOTEL

Hier schmeckt alles gut. Beliebt sind die in Weißwein gedämpften Muscheln, der geräucherte Heilbutt, das *herregårdsbøf* (Beefhacksteak) und das Monatsmenü. Im Sommer bleibt man gern länger, wenn es „Jazz & Tapas" gibt. *Tgl. 9–23 Uhr | Torvet 8 | Tel. 98 99 22 00 | loekken-badehotel.dk | €€*

RARTSTED.DK

Die übersichtliche Karte des kleinen Restaurants ist asiatisch inspiriert. Auch ein vegetarisches Menü ist im Angebot, ebenso wie drei verschiedene Thai-Currys. Im zugehörigen kleinen Shop gibt es selbst produzierte Gaumenkitzler wie Himbeer-Kräuter-Gin, Limoncello, Estragonessig und Chilimarmelade. *Mi–Mo 12.30–14.30 u. ab 18 Uhr | Nørregade 17A | Tel. 60 77 60 31 | rartsted.dk | €€*

INSIDER-TIPP
Scharfe Marmelade

SHOPPEN

BOLCHERIET

Wenn hier Bonbons gefertigt werden, duftet es auf dem Torvet. Du kannst beim Kochen zuschauen, wenn Sorten wie Erdbeer-Apfel-Ingwer, Karamell-Kokos oder Himbeer-Lakritz komponiert werden. Filiale in Skagen *(Havnevej 6). Mo–Fr 10–22, Sa 10–21, So 10–20 Uhr | Torvet 1 | bolcheriet.dk*

BLONDEHUSET

Laut Eigenwerbung Dänemarks größtes Dessousgeschäft. Wichtiger im Urlaub ist aber wohl die Bademoden-Abteilung, da gibt es sogar brandungsfeste Bikinis. *Tgl. 10–20 (Do bis 21) Uhr | Søndergade 20 A | blondehuset.dk*

INSIDER-TIPP
Keine Angst vor oben ohne

Ganz viel Surf- und Strand-Feeling: Boards und Kaffee gibt's im Havs Madhus

HAVS

Zwei in einem Haus. Im *Havs Store (tgl. 10–17 Uhr | Sdr. Strandvej 16 | havsstore.dk)* gibt es – genauso wie in der Dependance *Surf & Bike Butik (Norgesvej 7)* – Boards plus Equipment, dazu hochwertige Surf- und Strandklamotten. Im *Restaurant Havs Madhus (tgl. 11–20.30 Uhr | Sdr. Strandvej 16 | Tel. 27 50 17 50 | husethavs.dk | €€€)* serviert man moderne, leichte Gerichte.

STRAND

Beiderseits des Hauptzugangs (Sdr. Strandvej) zum *Løkken Strand* stehen die Badehäuschen der „weißen Stadt", hier geht es zur Mole und der Strand ist autofrei. Mit dem Auto auf den Sand fahren kannst du im Süden über den Ny Strandvej und im Norden über den Ndr. Strandvej.

SPORT & SPASS

Surf- und SUP-Kurse bietet *North Shore Surf (Sdr. Strandvej 18 | northshoresurf.dk)* an – das Revier an der Mole ist besonders anfängerfreundlich. Equipment für Kitesurfing und Kitebuggy leihst du bei *Kite Corner Løkken (Søndergade 17 B | kitecornerloekken.com)* aus.

AUSGEHEN & FEIERN

CAFÉ FRANDSEN

Beliebter Treff am Torvet. Man sitzt an lauschigen Abenden bis spät auf der Terrasse – oft bei chilliger Livemusik. *Juni–Aug. tgl. 10–2, Nebensaison Do–So 11–20 Uhr | Torvet 8 | Tel. 98 99 21 11 | cafefrandsen.dk | €–€€*

RUND UM LØKKEN

6 BØRGLUM KLOSTER

6 km östl. von Løkken/5 Min. mit dem Auto über 55 und 559

Einst Königsgut, ab 1060 Kloster und Bischofssitz, heute Hofgut, Museum und Kulturzentrum. Sehenswert sind die Klosterkirche, eine Kopie des 70 m langen Teppichs von Bayeux, die Wechselausstellungen zu Geschichte und Kunst; hörenswert die Musikevents, bei denen auch die Barockorgel in der Kirche gelegentlich mitspielt. *Mai–Okt. tgl. 10–17 Uhr, übrige Zeit s. Website | Eintritt 95 Kronen | Børglum Klostervej 255 | Vraa | boerglumkloster.dk | 1½ Std. | G4*

LØNSTRUP

(G3) **Dottergelb, Weiß, Hellblau und Ziegelrot – das sind die (Haus-)Farben von ★ Lønstrup. Hoch über der Steilküste, dem Lønstrup Klint, säumen die Häuser des alten Fischerdorfs (580 Ew.) die schmale Hauptstraße, den *Strandvejen*.**

Da sich hier auch fast alle Geschäfte befinden, empfiehlt es sich, das Auto im Sommer auf einem der kleinen Parkplätze an den Ortsausgängen stehen zu lassen, denn im Sommer leidet das Dorf des Öfteren an chronischer Verstopfung. Und dann bummelt man, besucht Galerien und Boutiquen, schaut in Kunsthandwerks- und Glas-

kunstateliers, wirft einen Blick in Töpfereien, Schmuck- und Textildesign-Werkstätten. Kino und Livemusik gibt es im himmelblauen *Café Bio (lonstrupcafe-bio.dk)*.
Das Kliff, auf dem Lønstrup liegt, ist übrigens ein dramatisches Beispiel für den Landverlust an diesem Abschnitt der Westküste: Wer hier regelmäßig Ferien macht, kann gut erkennen, wie viel Land der Blanke Hans sich seit dem letzten Urlaub geholt hat. Mit steinernen Buhnen am schmalen Strand zu Füßen des Kliffs versucht man die Macht der Brandungswellen zu brechen. *visitnordvestkysten.de, toppenafdanmark.de*

ESSEN & TRINKEN

GLASHUSET

Man speist im Wintergarten oder auf der Terrasse à la carte oder eines der 3-Gänge-Menüs mit Fisch, Fleisch oder Gemüse als Hauptgang. Was morgens gefangen und geerntet wird, landet mittags und abends auf den Tellern. *Mitte März–Mitte Juni Mi/Do 17–21, Fr/Sa 11.30–22, So 11.30–16, Mitte Juni–Sept. tgl. 11.30–22 Uhr | Strandvejen 68 | Tel. 98 96 01 11 | restaurantglashuset.dk | €€€*

CAFÉ SLUGTEN

Kombination aus Restaurant, Bar und Musikcafé und immer gut besucht. Im Sommer gibt es öfter Livemusik. Abwechslungsreiche Küche; Spezialität ist Chili con Carne, empfehlenswert auch der „Megaburger", die Fisch- und die Rote-Bete-Suppe! *Tgl. 11.30–21/22, im Winter bis 20 Uhr | Strandvejen 96 | Tel. 98 96 06 33 | cafeslugten.dk | €€*

VILLA VEST

Das Hotelrestaurant mit einer tollen Aussicht aufs Meer trägt – zu Recht! – einen Michelin-Stern. Es gibt drei monatlich wechselnde dreigängige Menüs, die durch Kreativität und Frische überzeugen. Außerdem abends: ein etwa zehngängiges großes Menü. *Saisonale Öffungszeiten s. Website | Strandvejen 138 | Tel. 98 96 05 66 | villavest.dk | €€€*

SHOPPEN

Im *Strandvejen* stolperst du von einem Shop in den nächsten. Ein paar besonders schöne Läden seien hier aufgeführt: die *Glaspusteriet Rikke Precht (Nr. 49 | rikkeprecht.dk)*, das *Glashuset Lønstrup (Nr. 68 | vangeglas.dk)*, die *Galleri Dorte Friis (Nr. 71 | galleridortefriis.com)* oder die *Boutique Teglgaarden (Nr. 84A | shop-teglgaarden.dk)*. Auch im *Rubjergvej* solltest du mal anhalten: bei *Giebelhausen Keramik (Nr. 5 | giebelhausen.dk)* und beim „Leinenhaus" *Butik Hørhuset (Nr. 14 | klassbols.dk)*.

LØNSTRUP TURISTFORENING

Gleich neben dem *Lønstrup Iscafé (ryaais.dk)* liegt das Touristenbüro. Die Souvenirs hier sehen anders aus als üblich, nämlich skandinavisch-cool designt: Plakate und Postkarten, Shirts und Hoodies, Becher und Taschen, Flaschen und Flaggen. *Tgl. 11–16 Uhr |*

INSIDER-TIPP
Souvenirs im nordic style

Die Nordsee kommt näher und näher: Lønstrup, die Wellen und sein Kliff

Strandvejen 90 | Tel. 96 25 22 20 | loenstrupshop.dk

Und noch ein Tipp: Am Strandvejen steht schräg gegenüber vom Café Slugten ein Kasten mit großen Seeigelgehäusen aus der Nordsee in Orange, Rosa, Rot oder Violett – ein tolles, kostengünstiges Souvenir.

WELLNESS

SKALLERUP SEASIDE RESORT

Das Romulus Spa mit vier Thermalbädern, Saunen, Kaltwasser- und Außenpool steht ebenso wie der Wasserpark mit Wasserrutsche und Saunen auch Nicht-Hotelgästen offen. *Tgl. 9–18 Uhr | Spa: Mo–Fr 350 Kronen, Sa/So 500 Kronen, Wasserpark (4 Std.) Mo–Do 100, Fr–So 160 Kronen | Ndr. Klitvej 21 | Tel. 99 24 84 00 | skallerup.dk*

RUND UM LØNSTRUP

7 RUBJERG KNUDE FYR 

4 km südl. von Lønstrup/10 Min. mit dem Auto über Rubjergvej und 1,3 km Fußweg

Dieser Leuchtturm ist das beste Beispiel für das Phänomen der Sandflucht: 1899 wurde er 200 m von der Kliffkante entfernt errichtet, bevor die danach enstehende Wanderdüne *Rubjerg Knude* und die stetig bröckelnde Steilküste seine Existenz bedrohten. 1968 hatte die Düne den Turm so weit begraben, dass man ihn abschalten musste. 2019 entschloss man sich dann zu einer spektakulären Maßnahme: Der 23 m hohe und 750 t schwere Turm wurde auf Schienen gesetzt und

Wenn einem der Dünensand zu nahe kommt: der Leuchtturm Rubjerg Knude Fyr

in nur nur 4½ Stunden 70 m weit landeinwärts gerollt. Am neuen Platz sind dem Turm vielleicht noch 30–40 Jahre gegönnt. Am alten Standort will man nun einen Steinturm als Erinnerung errichten, und es gibt Pläne für ein unterirdisches Besucherzentrum. Willst du auf die Düne und an die Kliffkante wandern, um den Blick auf Meer und Küstenlinie zu genießen – denk unbedingt an Schutz (Mund, Augen, Handy) vor dem ständigen Flugsand! *G3*

HIRTSHALS

(G2) **Am Anfang war das Fischerdörfchen Lilleheden. Dann kam 1863 der Leuchtturm Hirtshals Fyr und mit ihm der Name Hirtshals für das heute 5500 Ew. zählende Hafenstädtchen.**

1930 war der Fischereihafen fertig – heute einer der größten Dänemarks. Man erreicht ihn über ein begehbares Kunstwerk: den *Grønne Plads* und *Trappen*, einen weitläufigen, abwechslungsreichen Platz und Treppen mit Aussichtsplattformen. Weiter östlich liegt der Fährhafen: Hier legen die großen Fähren nach Norwegen, Island und auf die Färöer-Inseln ab. *visitnordvestkysten.de, toppenafdanmark.de*

SIGHTSEEING

NORDSØEN OCEANARIUM ★

Das größte Aquarium Nordeuropas zeigt 81 Tierarten in sechs verschiedenen Lebensräumen der Nordsee. Heimliche Stars sind die urtümlichen Mondfische in einem Becken der Superlative: Bis zu 3000 Fische schwimmen in 4,5 Mio. l Nordseewasser hinter einer 40 cm dicken, riesigen Scheibe. Im weitläufigen Außenbecken tauchen Seehunde und Kegelrobben und warten auf die Fütterung, die – wie auch die im Ozeanarium – zweimal täglich stattfindet. *Ende Juni–Ende Aug. tgl. 9–18 Uhr, weitere Zeiten s. Website | Eintritt 205, Kinder 110 Kronen | Willemoesvej 2 | oceanarium.dk | ⏱ 3 Std.*

HIRTSHALS MUSEUM

Alles übers Fischerhandwerk. Im Sommer erlebst du, wie im Garten Netze geflickt, Fische getrocknet, Seile gedreht, Buddelschiffe gebaut werden und wie der Kräuterschnaps Bjesk angesetzt wird. *Stark wechselnde Öffnungszeiten s. Website | Eintritt 50 Kronen, Kinder frei | Vanggårdsgade 10B | vhm.dk | ⏱ 1½ Std.*

ESSEN & TRINKEN

LILLEHEDEN

Café und Restaurant auf zwei Ebenen mit schöner Aussichtsterrasse. Zu empfehlen ist – neben den Antipasti oder der Fischsuppe – eins der beiden neunteiligen Tapas-Menüs. *Café Mo–Do 10.30–23, Fr/Sa 10–24, So 10–23 Uhr, Restaurant Mo–Do 12–23, Fr/Sa 11–24, So 11–23 Uhr | Hjørringgade 2 | Tel. 98 94 45 38 | restaurantlilleheden.dk | €€*

HIRTSHALS FISKEHUS

Frischfisch, im Ganzen gebraten, als Frikadelle oder im Burger, warmgeräuchert oder mehrsortig als Fischplatte. Außerdem eine tolle Muschelsuppe und eine Schalen-/Krustentierplatte vom Feinsten. *Mo–Fr 11–20, Sa/So 10.30–20 Uhr | Sydvestkajen 7 | Tel. 40 55 43 55 | hirtshalsfiskehus.dk | €*

RESTAURANT ABSTRAKT

Gut, es ist nicht unbedingt günstig, hier zu speisen. Aber die 525 bis 965 Kronen für das spannende, saisonal geprägte Menü aus fünf, sieben oder zehn Gängen sind definitiv gut angelegt. *Di–So ab 17.30 Uhr | Sydvestkajen 7a | Tel. 60 21 90 60 | restaurantabstrakt.dk | €€€*

STRAND

Beim Leuchtturm liegt der ganzjährig genutzte, sehr schöne *Husmoderstranden (Hausfrauenstrand)* mit einem Strandsaunabereich; östlich der Stadt der auch bei Windsurfern und Stand-up-Paddlern beliebte *Kjul-Strand*.

RUND UM HIRTSHALS

8 TORNBY

7 km südl. von Hirtshals/10 Min. mit dem Auto über Hovedvejen und Strandvejen

Der Ort (950 Ew.) und sein Strand bieten alles, was man von einem gelungenen Urlaubstag erwarten darf: Du kannst mit dem Auto an oder auf den Strand fahren, baden oder Drachen steigen lassen, in der Klitplantage spa-

Dünen, Wellen und weiter Wolkenhimmel: Tversted Strand

zieren gehen, Rad fahren oder den Dolmen (Steingrab) *Tornby Dyssen* (3600–3200 v.Chr.) bestaunen, im alten Kaufmannsladen das kleine Museum besuchen und dich mit regionalen Spezialitäten versorgen (*Den gamle Købmansgård | Mo–Fr 11–17, Sa/So 12.30–17 Uhr | Hovedvejen 61 | tornbygk.dk)* und im herrlich gelegenen Munchs Badehotel ins gemütliche *Restaurant Munch (Di–So ab 12 Uhr | Strandvejen 31 | Tel. 96 56 31 00 | restaurantmunch.dk | €–€€)* einkehren. *G2*

9 HJØRRING

18 km südl. von Hirtshals/20 Min. mit dem Auto über E39 und 190

780 Jahre alte Markt- und Handelsstadt (25 700 Ew.) mit vielen hübschen historischen Häusern im alten Ortskern. Die lange Fußgängerzone verführt zum Shoppen – und die ganze Stadt zum Schauen, denn an jeder Ecke stößt du auf Kunst: über 200 Skulpturen, dazu Wandgemälde, Reliefs, Installationen usw. Moderne Kunst mit Bezug zur Region zeigt das *Vendsyssel Kunstmuseum (Di–So 11–16 Uhr | Eintritt 90, 18–26 Jahre 45 Kronen | P. Nørkjærs Plads 15 | vkm.dk | 1½ Std.)*. Für eine Sightseeing-Pause bietet sich neben den zahlreichen Cafés die Brasserie im *Bryghuset Vendia (Mo–Fr 11.30–21.30, Sa 10–21.30 Uhr | Markedsgade 9 | Tel. 98 92 22 29 | bryghusetvendia.dk | €€–€€€)* an oder das *V Bistro (Mo–Fr 11.30–22, Sa/So 10–22 Uhr | Svinget 4 | Tel. 98 92 22 28 | v-bistro.dk | €–€€)* mit angeschlossenem Deli an. *H3*

10 TVERSTED

16 km östl. von Hirtshals/20 Min. mit dem Auto über E39 und 597

Tversted (550 Ew.) ist eine kleine Perle für Mountainbiker, Wanderer, Windsurfer und Reiter. Ruhesuchende finden dieselbe in der Klitplantage ebenso wie am langen und sehr breiten Strand, der auch mit dem Auto befahren werden darf.

Am Weg zum Strand stehen die Leute Schlange vor zwei landesweit bekannten, mehrfach prämierten Eisbuden: *Det Blå Ishus* und *Det Grå Ishus (im Sommer tgl. 10/11–22 Uhr | Tannisbugtvej 125 B u. C)*. In den Dünen verteilt stehen schöne alte und schicke neue Ferienhäuser, im Ort haben sich etliche Kunsthandwerker niedergelassen. *H2*

11 ØRNERESERVATET

25 km östl. von Hirtshals/25 Min. mit dem Auto über E39 und 597

Neben vier Adlerarten leben hier auch Bartgeier, drei Falkenarten und drei Pferderassen. Bei einstündigen Falknervorführungen zeigen die imposanten Greife, was sie draufhaben. Eine informative Ausstellung mit ausgestopften Vögeln etc. ist eine Stunde vor und 30 Minuten nach den Flugschauen geöffnet. *Vorführungen Ostern–Okt. 1- bis 2-mal tgl., genaue Zeiten s. Website | Eintritt 155 Kronen, Kinder (4–12 Jahre) 90 Kronen | Skagensvej 107 | Bindslev | eagleworld.dk | J2*

SKAGEN

(K1) **Jütlands nördlichster Ort (7600 Ew.) ist zweigeteilt, in eine Ostsee- und eine Nordseeseite.**

An der Ostsee, am Kattegat, liegt der Hauptort Skagen mit seiner sehenswerten Altstadt, mit Hotels und Restaurants und vor allem dem aus drei Bereichen bestehenden Hafen: Dänemarks größtem Fischereihafen, dem Kreuzfahrt- und Handelshafen und der Marina, dem *Lystbådehavn*. Auf dessen Kais tobt im Sommer das Leben: Skagen ist nun mal einer der meistbesuchten Urlaubsorte Dänemarks.

An der Nordseeseite, am Skagerrak, liegt *Gammel Skagen*. Das Alte Skagen, auch Højen genannt, war im 13. Jh. die erste Siedlung an der Nordspitze. Heute stehen hier schicke Badehotels und großzügige Ferienhäuser der Reichen und Schönen in den Dünen.

Ein besonderes Ortskapitel haben die berühmten Skagenmaler geschrieben, die hier Mitte des 19. Jhs. eine Künstlerkolonie gründeten (s. S. 23). Und auch heute noch haben in Skagen viele Künstler ihre Ateliers, und etliche Galerien im Ort zeigen ihre Werke. *toppenafdanmark.de*

SIGHTSEEING

LEUCHTTÜRME

Hinter dem Sønderstrand steht das hölzerne *Vippefyret*: Das originale Wippfeuer, das erste seiner Art in Dänemark, wurde 1627 errichtet. An der gleichen Stelle steht heute eine 1913 gebaute originalgetreue Kopie. Daneben blinkte ab 1747 das 21 m hohe Weiße Feuer, *Det Hvide Fyr*, bis 1858 etwas weiter nördlich das 46 m hohe Graue Feuer den Betrieb aufnahm: *Det Grå Fyr (April–Juni, Sept./Okt. tgl. 10–16, Juli/Aug. tgl. 10–17 Uhr | Eintritt 85 Kronen | detgraafyr.dk)* ist der zweithöchste Leuchtturm in Dänemark und seit 2017 außer Betrieb. 210 Stufen führen zu einer tollen Aussicht. Und auch an der Nordsee steht seit 1956 ein Leuchtfeuer: *Skagen Vest Fyr*, von den Einheimischen treffend „Bleistift" genannt.

SKAGEN GRÅ FYR – CENTER FOR TRÆKFUGLE

Skagen Odde ist einer der größten Hotspots für die Zugvogel-Beobachtung in Europa: 350 (!) Arten wurden hier in der Hochsaison im Mai schon identifiziert. Das Zugvogel-Zentrum im Grauen Leuchtturm lüftet einige Geheimnisse des Vogelzugs, informiert über die verschiedenen Vogelarten und bietet auch Führungen an. *April–Okt. tgl. 10–16, Juli/Aug. bis 17 Uhr | Eintritt 85 Kronen | Fyrvej 36 | detgraafyr.dk | ⏲ 1½ Std.*

KYSTMUSEET SKAGEN

Drinnen Ausstellungen zur Geschichte Skagens: Fischerei, Seefahrt, Seenotrettung. Draußen eine reetverkleidete Windmühle und originale Skagener Wohnhäuser aus drei Bauperioden: schwarze (vor 1875), gelbe (1875–1907) und rote (nach 1907). *Di–Sa 10/11–15/16 Uhr, s. Website | Eintritt 100 Kronen | P. K. Nielsens Vej 10 | kyst museet.dk | ⏲ 1½ Std.*

SKAGENS MUSEUM ★

Hier sind sie noch einmal alle versammelt, die Skagen-Maler. Rund 9000 ihrer Werke umfasst die Sammlung des Museums, sie werden in Wechselausstellungen gezeigt. Besonders schön ist der von Mitgliedern der Künstlerkolonie ausgestaltete *Brøndums spisesal*. Im Museumsgarten stehen die Ateliers der Maler Michael Ancher und Peder Severin Krøyer. Zum Museum gehören auch das Haus des Künstler-Ehepaars Anna und Michael Ancher, *Anchers Hus (Markvej 2–4)* und das Atelierwohnhaus von Holger Drachmann, *Drachmanns Hus (Hans Baghs Vej 21). Nov.–März Di–So 10–16, April/Mai, Sept./Okt. Di–So 10–17, Juni–Aug. tgl. 10–17 Uhr | Eintritt 125 Kronen, Kombiticket für alle 3 Museen 200 Kronen | Brøndumsvej 4 | skagens kunstmuseer.dk | ⏲ 2½ Std.*

SKAGEN ODDE NATURCENTER

Das in den Dünen nördlich des Orts gelegene, von Jørn Utzon ansprechend gestaltete Center zeigt eine Ausstellung zu seinem architektonischen Werk sowie wechselnde Kunst- und Designausstellungen. Weitere Themen des Zentrums sind das regionale Handwerk (Schiffbau) und – vor allem – die Natur der Umgebung und ihre Bewohner. Mit Café und Shop. *Mai–Okt. Di–Fr 10–16, Sa/So 11–16, Juli bis 17 Uhr | Eintritt 75 Kronen | Bøjlevejen 66 | skagen-natur.dk | ⏲ 2 Std.*

ESSEN & TRINKEN

PAKHUSET

Det er hyggelig! Im schmucken fünfgiebeligen, ochsenblutrot und weiß gestrichenen Packhaus genießt man zwischen Galionsfiguren vorwiegend 1a-Fischgerichte. Tipp: die Fischsuppe! Im 1. Stock residiert das *Håkon (Mo–Sa ab 18 Uhr | €€€ | Reservierung erforderlich)* und serviert ein drei-, vier- oder fünfgängiges Gourmetmenü. *Tgl. ab 11 Uhr | Rødspættevej 6 | Tel. 98 44 20 00 | pakhusetskagen.dk | €€*

KOKKENES

Das Café-Restaurant mit seiner schönen Terrasse lädt mittags zu *smørrebrød*, Salat oder zur gehaltvollen *Frokost*-Platte. Abends gibt´s vorm Kamin ein 5-Gänge-Menü oder à la carte. *Tgl. ab 11.30 Uhr | Sct. Laurentii Vej 54 | Tel. 98 11 48 48 | kokkenes.dk | €€–€€€*

DIT SMØRREBRØD

Smørrebrød in sage und schreibe 22 Varianten, außerdem *stjerneskjud*,

Fischplatten, Frikadellen aus Fleisch oder Fisch, Gerichte aus Großmutters Küche und typisch dänische Desserts. *Tgl. 11–20 Uhr | Østre Strandvej 1 | Tel. 35 11 11 82; tgl. 12–17 Uhr | Jekelsvej 2 | Gl. Skagen | Tel. 70 60 62 24 | ditsmorrebrod.dk | €*

BRØNDUMS HOTEL

Hier ist alles ein bisschen *old fashioned*, aber die Qualität stimmt! Ob Perlhuhnbrust, Schweinerollbraten *(rullepølse)* oder Tournedos Rossini. Und wo gibt es zum Dessert noch Petits Fours? *Tgl. 12–16.30 u. 18–21 Uhr | Anchers Vej 3 | Tel. 98 44 15 55 | broendums-hotel.dk | €€€*

SHOPPEN

GALLERI BO

Bunte Bilder, Schmuck, kleine Kunstwerke aus Glas, Keramik oder Bronze. Wer etwas für die heimischen vier Wände sucht oder ein Kunstobjekt für den Garten, der kann hier fündig werden. *Mo–Fr 10–19, Sa 10–18, So 11–17 Uhr | Havnevej 10 | galleribo.dk*

BO BENDIXEN

INSIDER-TIPP
Farbenfroh und fröhlich

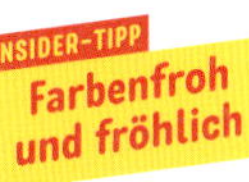

Die lustigen Tiere des dänischen Grafikers haben längst eine große Fangemeinde. Hier gibt es sie als Postkarten und Poster, auf T-Shirts, Hoodies, Socken, Mützen, Taschen und Bechern usw. Shops auch in Lønstrup *(Gården 8A)*, Blåvand und in Ribe. *Mo–Fr 10–18, Sa 10–14, So 10–16 Uhr | Sct. Laurentii Vej 73 B | bobendixen.com*

AUSGEHEN & FEIERN

Nachteulen zieht es in den *Havnevej*, wenn´s dunkelt. Dort swingen und

Zu Fuß oder auf zwei Rädern bummelt es sich herrlich durch Skagen

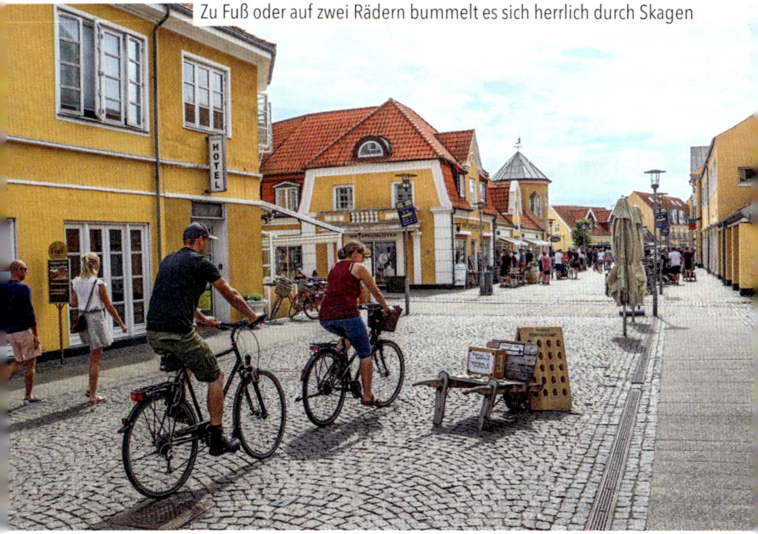

singen sie mit beim – auch live servierten – Rock 'n' Roll im *Buddy Holly (Do–Sa, Juli/Aug. tgl. 20–5 Uhr | Havnevej 16 | Facebook: Buddy Holly Skagen)*. Den Drink vorher nimmt man in der

Nördlicher geht's in Dänemark nimmer: Grenen, wo Nord- und Ostsee sich treffen

Cocktailbar *Tørst (Di–So 12–2 Uhr | Havnevej 11 | torst.dk)*. Oder man verbringt den ganzen Abend im Café-Bar-Nachtclub *Jakobs (So–Do 9–24, Fr/Sa 9–2 Uhr | Havnevej 4a | Tel. 98 44 16 90 | jakobscafe.dk)* bei Live- oder DJ-Music und Social Dining.

SOLNEDGANGSPLADSEN

Zunächst bewunderst du auf dem Sonnenuntergangsplatz die 20 m durchmessende „Nebensonne" aus Beton, in die kleine „Sonnen" eingelassen sind – die werden später im Licht der untergehenden Sonne erstrahlen. Danach holst du dir am Kiosk ein Eis, einen Kaffee oder ein Bier, mit dem du dich irgendwohin setzt und auf Dänemarks schönsten Sonnenuntergang wartest. *Solnedgangen 2 | Gl. Skagen | Facebook: Solnedgangskiosken Gl. Skagen*

INSIDER-TIPP
Sonnige Aussichten

STRÄNDE

Familienfreundlich ist der beliebte *Sønderstrand* beim Vippefyret an der meist relativ ruhigen Ostsee. Am *Strand von Gl. Skagen* und am *Nordstrand* sind Nordseebrandung und -strömung stärker. Weitere schöne Strände liegen etwas entfernt: an der Nordsee der mit dem Auto befahrbare *Kandestederne Strand (18 km südwestl.)* und an der Ostsee der Strand von *Hulsig/Kandesterne (14 km südl.)*.

RUND UM SKAGEN

12 GRENEN ★

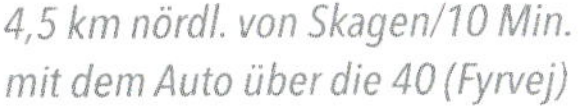

4,5 km nördl. von Skagen/10 Min. mit dem Auto über die 40 (Fyrvej)

Dort wo sich Skagerrak und Kattegat treffen, kannst du mit einem Bein in der Nordsee und mit dem anderen in der Ostsee stehen – Tatsache! Weht der Wind hier kräftig aus westlichen Richtungen, dann können nicht sehr seefeste Menschen schon beim bloßen Schauen auf die Fischkutter in den hohen Wellen seekrank werden. Achtung: Auch bei Windstille nur bis zu den Knöcheln ins Wasser gehen – die Strömung ist lebensgefährlich!

Wer nicht zu Fuß am Strand bis zur Nordspitze wandert *(ca. 30 Min. ab Ortsausgang)*, nimmt den „Sandwurm", einen traktorgezogenen Anhänger *(Sandormen: Hin-/Rückfahrt 35 Kronen | sandormen.dk)*, der am Bunkermuseum *(Fyrvej 59 | skagen-bunkermuseum.dk)* startet. Übrigens: Dänemarks echter nördlichster Punkt liegt derzeit ca. 2,5 km weiter nordwestlich am Nordstrand – Wind und Strömung verschieben den sandigen Boden ständig, und Jütlands Spitze wächst jedes Jahr um etwa 10 m nach Nordosten. *K1*

INSIDER-TIPP
Nord, norder, am nordesten

13 RÅBJERG MILE ★

17 km südwestl. von Skagen/20 Min. mit dem Auto über die 40

Superlative: Die 4 Mio. m³ Sand dieser über 40 m hohen Wanderdüne bedecken etwa 1,2 km², und sie wandert jährlich ca. 15 m nach Nordosten. Was bedeutet, dass sie um das Jahr 2130 die Landstraße nach Skagen erreicht haben wird und etwa 30 Jahre später die Ostsee. Auf ihrem Weg hinterlässt sie steinige Wüste – allerdings nur scheinbar, denn bald entstehen aus dem Regenwasser in Vertiefungen kleine Dünenseen. Um die herum siedeln sich Pflanzen an, ihnen folgen Insekten, Amphibien und Vögel. Auch deswegen stehen die Düne und das Land hinter ihr unter Naturschutz, du kannst Råbjerg Mile aber auf einem mit Gummimatten belegten Weg besteigen: Vom höchsten Punkt hast du einen fantastischen Panoramablick auf Nord- und Ostsee. *J2*

SCHÖNER SCHLAFEN IM NORDEN

SCHLUMMERN IM GRÜNEN

Nahe dem Kloster Børglum liegt der zu einem gut ausgestatteten B & B umgebaute Bauernhof in einem herrlichen Garten. Highlight: der Pavillon für den Sundowner. *Cafébaven (3 Zi., 4 Apt. | Vråvej 423 | Vrå | Tel. 22 24 07 51 | cafehaven.dk | €)*

TRADITION UND LUXUS

1904 noch einfache Herberge, heute Luxushotel samt Wellnesscenter, Brasserie und dem sehr feinen *Restaurant Okê*. Und immer noch der Charme eines alten Badehotels: *Ruths Hotel (60 Zi. u. Suiten | Hans Ruths Vej 1 | Gl. Skagen (Højen) | Tel. 98 44 11 24 | ruths-hotel.dk | €€€)*

ERLEBNIS TOUREN

Lust, die Besonderheiten der Region zu entdecken? Dann sind die Erlebnistouren genau das Richtige für dich! Ganz einfach wird es mit der MARCO POLO Touren-App: Die Tour über den QR-Code aufs Smartphone laden – und auch offline die perfekte Orientierung haben.

1 VON TØNDER NACH TØNDER – EINE RADTOUR IM GRENZLAND

- Møgeltønder: Bilderbuchdorf mit Prinzenschloss
- Grenzübertritt: zu Besuch bei Ada und Emil Nolde
- Tønders Torvet: Straßencafés und alte Kaufmannshäuser

Tønder

Tønder

27 km

6 Stunden, reine Fahrzeit 1½ Stunden

Mitnehmen: Personalausweis, Fernglas
Fahrradverleih in Tønder: *Fri Bike Shop (Vestergade 42 | Tel. 74 72 36 72 | fribikeshop.dk)*

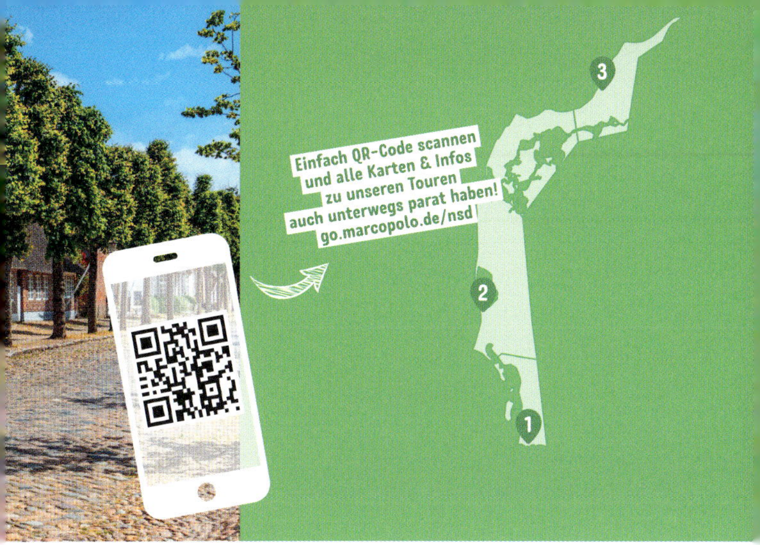
Einfach QR-Code scannen
und alle Karten & Infos
zu unseren Touren
auch unterwegs parat haben!
go.marcopolo.de/nsd
3
2
1

Schlecht fürs Fahrrad, wundervoll fürs Auge: Kopfsteinpflasteridylle in Møgeltønder

EINS DER SCHÖNSTEN DÖRFER DÄNEMARKS

Im Nordwesten der Altstadt von ❶ Tønder ➤ S. 42*, an der Kreuzung Kongevej/Leos Alle, geht es los. Der Leos Alle folgst du nach Norden bis zum Nordre Landevej, der Landstraße 419. Hier geht´s links ab auf den begleitenden Radweg, und dann – go west! Und zwar 1,8 km, bis es halb links nach* ❷ Møgeltønder ➤ S. 44 geht (ausgeschildert). *Nach weiteren 1,5 km bist du am* Schloss Schackenborg. Hier heißt es: runter vom Sattel, denn Møgeltønder mit dem Rad zu erkunden wäre wegen des blankbuckeligen Kopfsteinpflasters weder Reifen noch Rücken zuträglich. Solltest du während des Dorfbummels Kuchenhunger bekommen, setz dich in den Garten von Mormors Lille Café *(im Sommer tgl. | Slotsgaden 9 | Facebook | €).*

❶ Tønder

5 km 15 Min.

❷ Møgeltønder

7 km 25 Min.

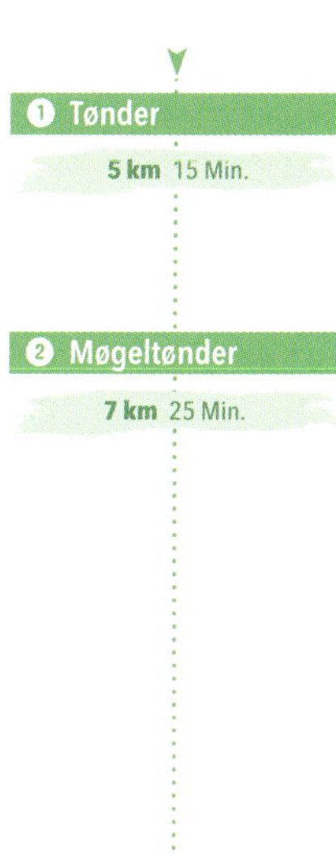

ZWEI IDYLLISCHE GRENZDÖRFCHEN

Weiter geht´s. *An der Kirche steigst du wieder aufs Rad und biegst links in den Sønderbyvej ein, der Ausschilderung „Rudbøl" folgend. An seinem Ende geht es in einer Rechts-links-Kombi auf die Straße Kogen und auf dieser 1,5 km durch Felder und Weiden gen Süden bis zur Straße Ved Åen, dort rechts ab und weitere 4 km durch die weite, grüne Tøndermarsken,* Dänemarks größtes

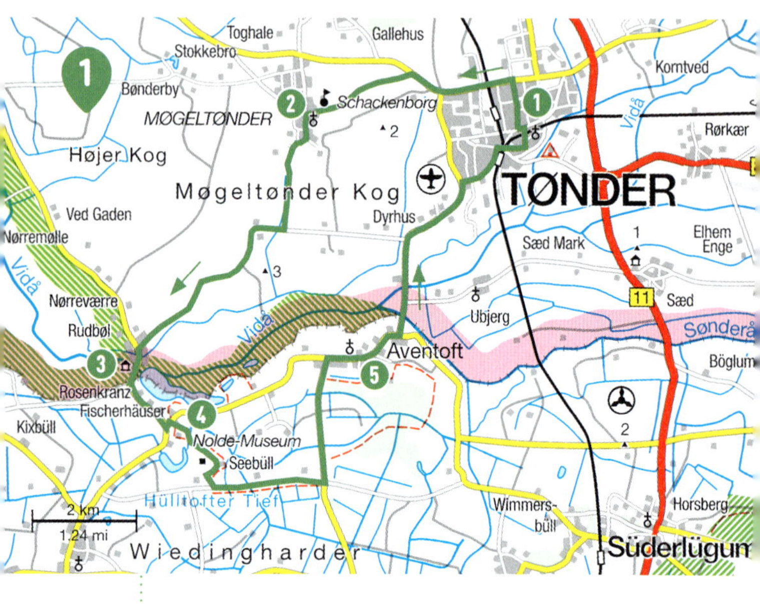

Marschgebiet, *bis zum Rudbølvej. In den biegst du links ein*, und falls du in Møgeltønder keinen Kuchen bekommen hast: An der nächsten Ecke wartet die Terrasse des ❸ **Rudbøl Grænsekro** *(tgl. 12–15 u. 18–21 Uhr | Rudbølvej 36 | Tel. 74 73 82 63 | rudbol.dk | €€). Dann den Schildern „Grænse" folgen. Es kommt eine Brücke über die Vidå*, die sich hier zum Rudbøl Sø (Ruttebüller See) verbreitert: Fernglas raus, Vögel gucken! Und vorm **Alten Deutschen Grenzkrug** kannst du breitbeinig in zwei Ländern gleichzeitig stehen, weil die Grenze längs durch die Straßenmitte verläuft.

❸ **Rudbøl Grænsekro**
3 km 15 Min.

INSIDER-TIPP
Zwei Beine, zwei Länder

BUNTE BILDER UND BLÜTENPRACHT

In Deutschland ist der Weg zu farbenprächtigen Bildern und ebensolchen Blüten ausgeschildert. *Er führt über Rosenkranzer Straße/Fischerhäuser und Noldeweg/Seebüll* in nicht einmal 3 km zum ❹ **Nolde-Museum** *(März–Okt. tgl. 10–18 Uhr | Eintritt 12 Euro | Seebüll 31 | Neukirchen | nolde-stiftung.de)*. Mindestens ein Stündchen Zeit solltest du dir hier für den Muse-

❹ **Nolde-Museum**
6 km 20 Min.

umsbesuch und den Gartenbummel nehmen – und dir vielleicht noch einen Eisbecher im Café gönnen.

DEUTSCH-DÄNISCHES ZUSAMMENLEBEN

Weiter geht es auf dem Sträßchen Seebüll, vorbei am erhöht liegenden dreikantigen Nolde-Hof und am Parkplatz bis zur Einmündung in den Revtoftweg. In den biegst du links (Richtung Niebüll/Süderlügum) ein. Nach 2 km – links Wiesen und Felder, rechts Felder und Wiesen – fährst du links in die Gotteskoogstraße und erreichst nach ca. 2 km das Grenzörtchen ❺ Aventoft. *Du biegst rechts in die Dorfstraße und folgst der Wegweisung „Tønder".* Falls was am Rad kaputt ist: Etwa in der Ortsmitte hilft dir Fahrrad Wollesen weiter! *Am Ortsausgang hältst du dich links Richtung Tønder. Auf dem Radweg parallel zur L6 überquerst du wieder die Vidå, kommst durch das Dörfchen Dyrhus und bist nach ca. 3,5 km auf Tønders Vestre Omfartsvej. Nun rechts ab in den Søndre Industrivej, nach ca. 400 m links ab in die Viddingherredsgade („Centrum" ist ausgeschildert), kurz hinterm Bahnhof rechts ab über die Gleise auf die Vestergade: Und schon bist du wieder in* ❶ Tønder ➤ S. 42 und seiner Altstadt, wo du in einem der Cafés am Torvet die Beine langmachen kannst.

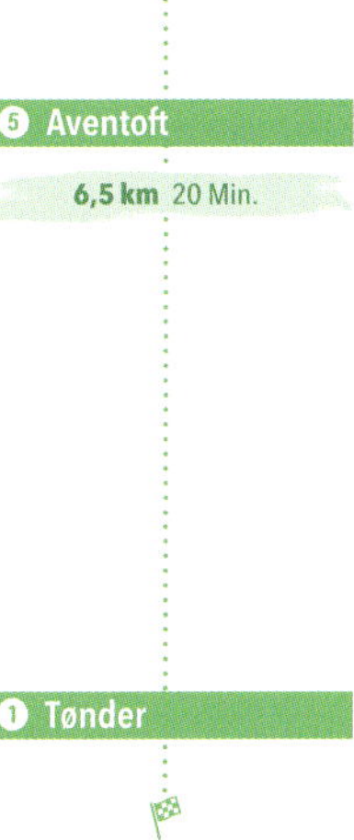

❷ ZWISCHEN NORDSEE UND FJORD – EINE KÜSTENTOUR

- ➤ Maritimer geht's kaum: drei Häfen, vier Fjorde, ein See
- ➤ Holmsland Klit: Ferienhäuser und endloser Strand
- ➤ Wasser links und rechts der Straße: Bøvling Klit

1 Nymindegab Kro

15 km 15 Min.

2 Abelines Gård

7 km 10 Min.

3 Hvide Sande

6 km 7 Min.

AUF NACH HVIDE SANDE, DEM TOR ZUM RINGKØBING FJORD

Die kurzweilige Autotour auf der L181 beginnt am 1 Nymindegab Kro ➤ S. 68, der hoch über dem Ort thront – mit Blick aufs Meer im Westen und im Nordosten auf die Halbinsel Tipperne, die in den Ringkøbing Fjord ragt und ein bedeutender Rastplatz für Zugvögel ist. *Die Fahrt führt nun auf die maximal 2 km breite Nehrung* Holmsland Klit, die mit 35 km Länge die westliche Begrenzung des Ringkøbing Fjords bildet. *Zunächst reiht sich eine Ferienhaussiedlung an die nächste: Bjerregård, Skodbjerge, Haurvig und Årgab* – ein beliebter Windsurfspot im sanften Fjordgewässer. *Kurz vor Årgab lohnt sich ein erster Halt östlich der 181 (ausgeschildert):* Die ehemalige Strandvogtei 2 Abelines Gård *(April–Juni, Sept./Okt. Do–So 11–16, Juli/Aug. So–Fr 11–16.30 Uhr | Eintritt 75 Kronen | Sdr. Klitvej 87 | Haurvig | abelinesgaard.dk)* und die zugehörige alte Seenot-Rettungsstation sind heute ein gut aufgemachtes Heimatmuseum samt Shop und Café. *Gerade mal 7 km weiter, und schon bist du im Fischereihafen von* 3 Hvide Sande ➤ S. 66. Nach dem Ortsbummel setzt du dich am besten am Hafen ins oder vors Café Marina ➤ S. 67 und isst dort mit Blick auf hellblaue Fischkutter und an der Mole aufgereihte Angler eine Portion Fish & Chips oder einen „Marina-Burger". Und vielleicht nimmst du dir auch noch Zeit für den Besuch des Aquariums im Fischereimuseum Fiskeriets Hus ➤ S. 67.

DÄNISCHER DREIKLANG: LEUCHTTURM, BADEORT, HOFLADEN

Dann geht´s weiter. *Der nächste Ort wird nach 13 km der Badeort Søndervig sein, vorher aber solltest du un-*

bedingt den Leuchtturm **❹ Lyngvig Fyr** ➤ S. 68 besteigen, den man – strahlend weiß – schon von Weitem sieht: Die Aussicht aufs Meer und den Fjord ist schlicht und ergreifend grandios! *In der Folge erneut Ferienhaussiedlungen links der Straße: Lyngvig, Klegod und der „Vorort" von Søndervig. Und dann bist du in* **❺ Søndervig** ➤ S. 71 selbst, ein Paradebeispiel für einen dänischen Badeort, mit allem Pipapo vom Sportcenter bis zum Erlebnisbad. Parkplätze gibt´s genug; du kannst dir also ein Eis kaufen und zwischen Souvenirshops und Boutiquen herumbummeln, das lohnt sich allemal. *An der Kreuzung gegenüber dem Ortszentrum führt die L15 nach Ringkøbing – namensgebendes Städtchen des Fjords, den du nun hinter dir lässt und nach knapp 7 km links der Straße (ausgeschildert) einem Hofladen namens* **❻ Vestkystens Gårdbutik** *(tgl. 10–17 Uhr | Houvig Klitvej 77 | Facebook: vestkystensgaardbutik1)* einen Besuch abstattest: Bioprodukte aller Art, dazu regionale Spirituosen und Spezielles wie Jomfruhummersuppe im Glas. Ein

INSIDER-TIPP
Kaisergranat in Flaschen

❹ Lyngvig Fyr

9 km 9 Min.

❺ Søndervig

5 km 6 Min.

❻ Vestkystens Gårdbutik

27 km 25 Min.

Zurücklehnen, zuschauen, Zeit verbummeln: an einem der Anleger im Ringkøbing Fjord

lauschiges Gärtchen gibt's auch – perfekt zum Ausruhen nach dem Trubel in Søndervig.

Design trifft auf Schiffstragödien: der moderne Bau des Strandungsmuseums

UND NOCH EIN FJORD-TOR

Weiter nach Norden, immer geradeaus. Rechts der Straße liegen nun die Feuchtwiesen und die drei Seen des Vest-Stadil-Fjords: ein Naturschutzgebiet mit der Möglichkeit, Vögel zu beobachten. *Dann – beim hübschen Ferienörtchen Vedersø Klit – macht die L181 einen großen Bogen landeinwärts, führt östlich am Dorf Husby und dem Mischwald der Husby Klitplantage vorbei, um bei Fjand wieder zur Küste zurückzukehren, auf die Nehrung Bøvling Klit,* die an den schmalsten Stellen keine 500 m breit ist. Sie trennt die Nordsee vom Nissum Fjord, dessen Eingangstor, den Fischereihafen in ❼ **Thorsminde** ➤ S. 71, du nun ansteuerst. Nach einem Besuch im hochinteressanten **Strandingsmuseet St. George** – das Thema des Museums sind Schiffsunglücke an der Westküste –, *fährst du noch 12 km, bis du bei Fjaltring die L181 verlässt und halb links in Richtung Trans bzw. Ferring abbiegst.*

❼ **Thorsminde**

18 km 20 Min.

ÜBERALL WASSER: AUF DEM WEG ZUM THYBORØN-KANAL

Irgendwann muss ja auch mal Schluss sein mit dem ewigen Geradeausfahren! *Die nächsten 23 km bis Harboøre fährst du auf schmaler, kurviger Landstraße durch eine abwechslungsreiche Küstenlandschaft. 2 km hinter Trans ist ein Abstecher zur Küste Pflicht:* Hier geht es zur imposanten Steilküste ❽ **Bovbjerg Klint** ➤ S. 76 mit einem herrlichen Weitblick von der 40 m hohen Kliffkante. Und falls du vorhin auf die Leuchtturmbesteigung verzichtet hast, kannst du das nun nachholen und den knuffigen, knallroten Turm **Bovbjerg Fyr** erklimmen. *Zurück auf der Landstraße, geht es über Ferring, vorbei am flachen Ferring Sø, Vejlby und Vrist nach Har-*

❽ **Bovbjerg Klint**

27 km 30 Min.

boøre und dort links ab wieder auf die L181. Jetzt sind es noch 11 km bis Thyborøn – die Straße führt auf einem Damm übers Wasser und durch das Naturschutzgebiet **Harboøre Tange** ➤ S. 77, vorbei aber auch an einem schwarzen Fleck im schönen Bild der dänischen Westküste: der Chemiefabrik **Cheminova**. In ⑨ **Thyborøn** ➤ S. 77 mit seinem großen Fischereihafen am Thyborøn-Kanal, wo auch die Fähre nach Agger auf der Nordseite des Kanals ablegt, lässt du dich dann zum krönenden Abschluss deiner Reise nieder: auf ein frisch gezapftes *øl* (Bier) und eine knusprige *rødspætte* (Scholle) in den **Fiskehallen Thyborøn** ➤ S. 79 mit Blick aufs Wasser des Nissum Bredning.

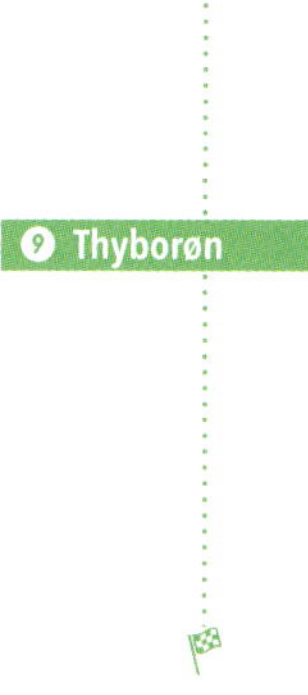

③ STRAND, WALD UND WIESEN – EINE RADTOUR BEI BLOKHUS

- ➤ Spritziges Erlebnis: mit dem Fahrrad am Strand
- ➤ Hyggelig: entspanntes Dahinrollen und schöne Aussichten
- ➤ Ein modernes Kulturzentrum und ein trubeliger Badeort

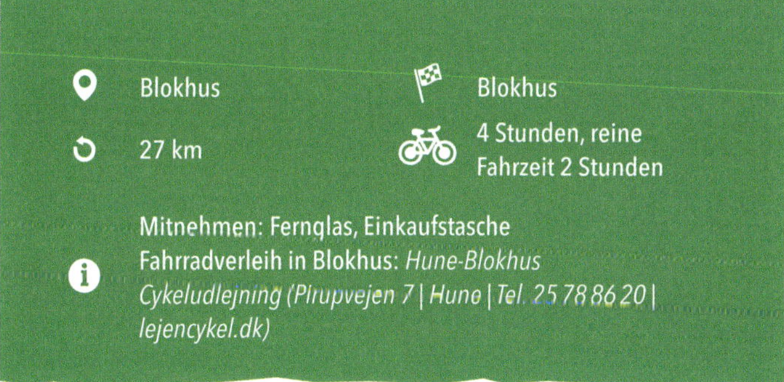

Blokhus

27 km

Blokhus

4 Stunden, reine Fahrzeit 2 Stunden

Mitnehmen: Fernglas, Einkaufstasche
Fahrradverleih in Blokhus: *Hune-Blokhus Cykeludlejning (Pirupvejen 7 | Hune | Tel. 25 78 86 20 | lejencykel.dk)*

FAHRRADFAHREN AN DER WASSERKANTE, EINFACH FANTASTISCH!

Los geht die Radtour am Marktplatz (Torvet) in ① **Blokhus** ➤ S. 102. *Auf dem Strandvejen kommst du zum Strandübergang und schiebst dein Rad Richtung Wasser, bis du festen Sand unter den Reifen hast. Und dann – immer nach Norden, nicht ganz 5 km. Zwischendurch*

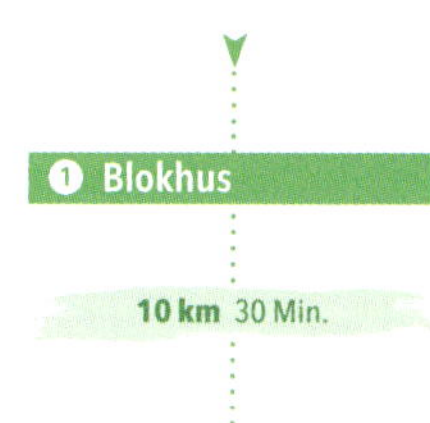

kannst du immer mal absteigen, Muscheln suchen und den gigantischen Blick auf die Nordsee genießen. Fliegen vor dir am Flutsaum kleine Watvögel auf, handelt es sich um Alpenstrandläufer oder um Sanderlinge. *Am Übergang Saltum Strand* – kenntlich vor allem an den dort auf dem Strand stehenden Autos – *verlässt du den Strand*, kaufst dir am Kiosk noch ein motivierendes Softeis *und radelst dann auf dem Saltum Strandvej gemütlich landeinwärts.*

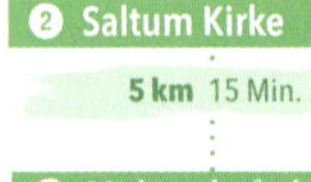

❷ Saltum Kirke

5 km 15 Min.

❸ Mølmarkgård

3 km 10 Min.

❹ Saltum

8 km 25 Min.

DURCH WALD IN DIE KIRCHE, DURCH FELDER ZUM BAUERN

Der Radweg führt 4,5 km durch einen lichten Wald, in dem Ferienhäuser stehen und das rustikale Gasthaus **Fårup Skovhus** *(faarupskovhus.dk)*, bis zur ❷ **Saltum Kirke** ➤ S. 104 aus dem Jahr 1150. Tritt ein: Vor allem die Wandmalereien (um 1520) sind sehenswert! Hoffentlich schwer beeindruckt *überquerst du dann die L55 (Kreisverkehr) und fährst auf dem Blæshøjvej (L543) weiter. Die nächsten ca. 6,5 km führen dich in einem großen Halbkreis durch eine sanfthügelige Landschaft: Vom Blæshøjvej geht es nach 500 m halb rechts in den aussichtsreichen Løthvej, nach weiteren 1,5 km rechts ab ins Dörfchen Torpet und 500 m hinter dem Dorf rechts in den Horsedalsvej und nach Sdr. Saltum. Kurz vor dem Ortseingang* kannst du dich auf dem ❸ **Mølmarkgård** *(Horsedalsvej 22)* im Hofladen mit Kartoffeln, Gemüse, Eiern & Co eindecken. *Dann fährst du auf dem Storgårdsvej wieder zur L55 nach* ❹ **Saltum** ➤ S. 104 hinein.

INSIDER-TIPP
Frisches fürs Abendessen

Riesensandburg vor großem Wolkendrama: beim Skulpturparken Blokhus

SAND & KUCHEN

Saltums Ortskern gibt außer einem kleinen Museum und einem Supermarkt wenig her, also gleich weiter

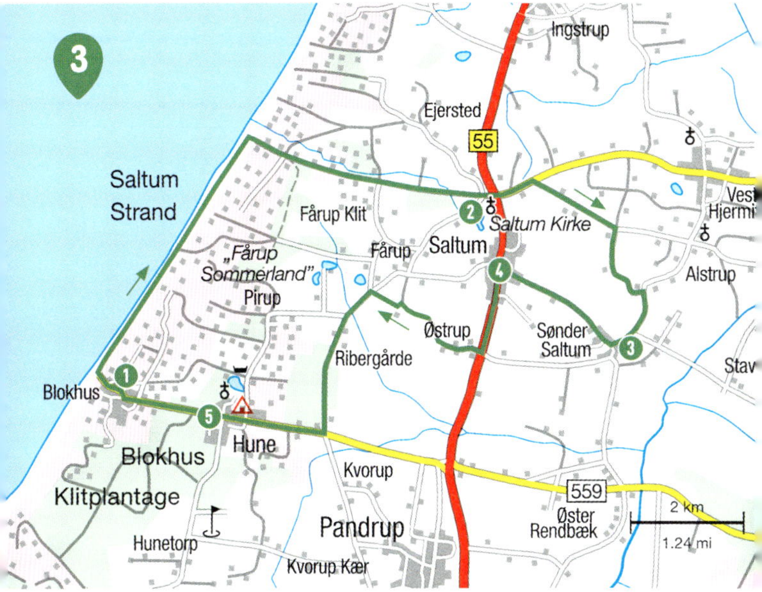

auf dem Radweg parallel zur L55 nach Süden. Nach knapp 1,5 km rechts in Richtung Østrup einbiegen und auf den nächsten knapp 2 km noch mal ländliche Idylle genießen: Felder, Weiden, große Höfe. Gegenüber vom **Fårup Sommerland ➤ S. 104** stößt du dann auf *den Faarupvej, in den du links einbiegst. Vorbei am Campingplatz und durch den gepflegten Baumbestand der Hune Plantage erreichst du nach 2,5 km am Kreisverkehr die Hauptstraße nach Blokhus (L559).*

Das Ortsschild von Hune kannst du nun schon sehen, du stoppst aber erst kurz vor dem Ortsende: Hier liegen linker Hand der **Sandskulpturenpark ➤ S. 102** – nicht zu verfehlen dank der über 20 m hohen Sandburg in den Farben der Ukraine – und das **5 Kulturhuset Blokhus ➤ S. 102**, in dessen Café-Restaurant du dir mit *smørrebrød* oder Kuchen die weggestrampelten Kalorien aufs Köstlichste wieder draufschaffen kannst. Danach sind es *nur noch 1,5 km zum Ausgangspunkt* deiner ausgedehnten Strand-Feld-und-Wiesen-Tour in **1 Blokhus ➤ S. 102**.

5 Kulturhuset Blokhus

2 km 6 Min.

1 Blokhus

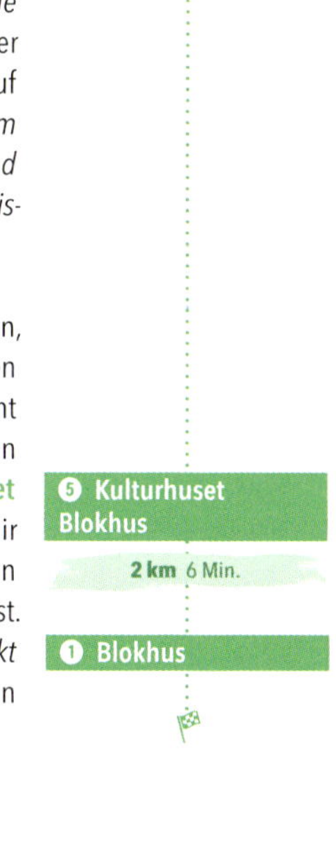

GUT ZU WISSEN

DIE BASICS FÜR DEINEN URLAUB

ANKOMMEN

ANREISE

Die Autobahn A7 führt über Flensburg bis zur Grenze bei Padborg. Von dort weiter auf der E45 bis Aalborg. Bei Kolding zweigt die E20 nach Esbjerg ab, bei Aalborg die E39 nach Hirtshals. Alternative: ab Hamburg die A23 und die B5 über Niebüll, ab der Grenze die 11 über Tønder und ab Varde die Küstenstraße 181 bis Hanstholm.

Fernzüge fahren über u. a. Kolding und Aarhus bis Aalborg. Von diesen Städten gibt es Bahnverbindungen z. B. nach Esbjerg, Holstebro, Thisted, Hjørring, nach Lemvig/Struer, Thyborøn und Skagen. Ein Intercity fährt über Hamburg nach Niebüll, von dort geht es mit der dänischen Arriva über Tønder, Ribe, Esbjerg nach Varde und Nr. Nebel *(bahn.de, rejseplanen.dk, arriva.dk)*.

Die Fernbusse von Flixbus *(flixbus.de)* und Eurolines *(eurolines.de)* fahren Esbjerg, Varde, Holstebro und Aalborg an, Flixbus auch Nykøbing Mors und Thisted. Direktflüge gibt es von Frankfurt und München zum Billund Airport *(bll.dk)*, den Aalborg Lufthavn *(aal.dk)* erreicht man ab Frankfurt, Salzburg und Zürich über Amsterdam.

EINREISE

EU-Bürger und Schweizer benötigen einen noch mindestens 90 Tage gültigen Personalausweis oder Reisepass. Es werden stichprobenartige Grenzkontrollen durchgeführt. Hunde brauchen den EU-Heimtierausweis; 13 Hunderassen sind in Dänemark verboten – auch für Touristen *(tyskland.um.dk / „Reise & Aufenthalt")*.

KLIMA & REISEZEIT

Beherrschendes Thema ist der Wind. Der sorgt auch dafür, dass man die

Rücksicht muss sein: Warnschild vor kreuzenden Radfahrern

Stärke der UV-Strahlung am Meer unterschätzt. Daher stets – auch bei bedecktem Himmel – eine Sonnenschutzcreme mit hohem Lichtschutzfaktor benutzen. Auch eine Kopfbedeckung ist empfehlenswert, in der kalten Jahreszeit als warme Mütze, denn dann kann der Wind einem ganz gehörig um die Ohren pfeifen. Herrlich sind die langen Tage im angenehm warmen nordischen Sommer, ebenso herrlich die glasklare Luft im Winter … wenn es nicht gerade regnet. Wetter- und Windvorhersage, Gezeiten etc. unter *dmi.dk*

STROM

Netzspannung 220 Volt, Steckdosenadapter sind nicht nötig.

ZOLL

Freimengen für EU-Bürger: u. a. 10 l hochprozentige Alkoholika, 800 Zigaretten. Für Schweizer z. B. 1 l hochprozentige Alkoholika, 250 Zigaretten. Die Einfuhr von Feuerwerk aller Art ist verboten.

WEITERKOMMEN

AUTO & TANKEN

Auch tagsüber ist das Fahren mit Abblendlicht Vorschrift. Die Höchstgeschwindigkeit innerhalb von Ortschaften beträgt 50 km/h, auf Landstraßen 80 km/h, auf Autobahnen 130 km/h, oft auch nur 110 km/h. Es gilt die 0,5-Promille-Grenze. Bei Verkehrsverstößen drohen hohe Strafen, die gleich vor Ort kassiert werden, z. B. 20 km/h zu schnell: ab 135 Euro; Handy am Steuer: 200 Euro; im Parkverbot parken (auch wenn man am Steuer sitzen bleibt): ab 70 Euro.

Die Tankstellen an der Westküste funktionieren überwiegend per Selbstbedienung: Man zahlt mit Girocard/Kreditkarte oder bar direkt an der Zapfsäule und folgt den Anweisungen auf ihrem Display. Superbenzin heißt „Blyfri 95". Ladestationen für E-Autos sind flächendeckend vorhanden.

BUS & BAHN

Die Busse der drei regionalen Busunternehmen fahren die meisten Ferienorte an und transportieren auch Fahrräder. Zusätzlich kann man mit dem *Flextrafik*-Tarif auf Bestellung an sein Ziel gebracht werden *(sydtrafik.dk, midttrafik.dk, nordjyllandstrafikselskab.dk)*. Nicht nur, um von A nach B zu kommen, sondern auch für einen Tagestrip ist die *Midtjyske Jernbaner (mjba.dk)*, die auch Fahrräder mitnimmt, ein toller Tipp. Die Bahn befährt die landschaftlich reizvollen Strecken Vemb-Lemvig-Thyborøn und Holstebro-Ringkøbing-Skjern.

INSIDER-TIPP
Schöne Natur vorm Zugfenster

BRÜCKEN & FÄHREN

Die Brücken über den Limfjord kosten allesamt keine Maut. Die Fähren von Esbjerg nach Fanø und auf der 181 zwischen Thyborøn und Agger Tange sind kostenpflichtig, ebenso die beiden Fähren nach Mors *(fanoelinjen.de, thyboronagger.de, visitmors.de)*.

RADFAHREN

Fahrräder kann man in allen größeren Ferienorten mieten. Die Tagesmiete ist recht hoch, eine längere Mietdauer ist daher spürbar günstiger!

Ein paar Zweiradregeln: In Dänemark besteht keine Helmpflicht. Vor dem Bremsen an einer Straße/Kreuzung musst du die rechte Hand heben. Direktes Linksabbiegen ist verboten, du musst also erst die quer verlaufende Straße überqueren. Übrigens: Die Strafen für alkoholisiertes Pedaltreten beginnen bei ca. 200 Euro. Schon wer ohne Licht fährt, ist mit ca. 100 Euro dabei, und auch Handy am Lenker ist nicht erlaubt. Auch Motorroller dürfen auf dem Radweg fahren.

IM URLAUB

AUSKUNFT

Die Touristbüros vor Ort halten Karten und Prospektmaterial aller Art bereit, sind aber nicht durchgängig besetzt. Die Websites der einzelnen Orte findest du in den Regionenkapiteln; informative Internetseiten der Regionen von Süd nach Nord sind hier aufgezählt: *vadehavskysten.de, visitvesterhavet.de, visitnordvestkysten.de, visitthy.dk, visitjammerbugten.de, toppenafdanmark.dk*

BADEN & STRÄNDE

Die meisten Strände sind mit der Blauen Flagge für sehr gute Wasserqualität ausgezeichnet, auch musst du an der dänischen Nordseeküste keine Kurabgabe bezahlen.

Regel Nummer eins an der Nordseeküste: Man sollte schwimmen können, wenn man im Meer badet. Auf jeden Fall gilt: Geh nie allein ins Wasser und höchstens bis zum Bauchnabel, nur

FESTE & EVENTS
RUND UMS JAHR

JANUAR

Skagen Vinterbader Festival: Eiskaltes Badevergnügen Ende des Monats

FEBRUAR

Danmarks Østersfestival: Drei Tage Austern satt auf Rømø, *danmarksoestersfestival.dk*

MAI

Internationales Sandskulpturenfestival in Søndervig, *sandskulptur.dk*

MAI/JUNI

Heavy Agger Metal Festival: Zwei Tage Wacken-Feeling in Agger, *heavyagger.dk*

Blokhus-Løkken Wind Festival: Am Pfingstwochenende dreht sich alles um Drachen

JUNI

Skaldyrsfestival: Auf Mors stehen am ersten Wochenende Muscheln, Krabben, Krebse im Mittelpunkt, *skaldyrsfestival.dk*

Sankt Hans Aften: Mittsommerfest am Vorabend (23. Juni) des Johannistags (Foto)

JULI

Skagen Festival: Vier Tage lang Folk, Blues und Rock, *skagenfestival.dk*

AUGUST

Esbjerg Festuge: Zehn Tage Konzerte, Kunst, Theater, *esbjergfestuge.dk*

Tønder Festival: „Das" Folkmusikfestival des Nordens (3 Tage), *tf.dk*

SEPTEMBER

Waterz: Großtes Wassersportfestival des Nordens (Hvide Sande), *waterz.dk*

OKTOBER

Bæredygtighedsfestival für Nachhaltigkeit (Slettestrand/Thorup Strand)

DEZEMBER

Julebyen: Weihnachtsmarkt in Tønder

Jul i Ribe: Weihnachten in Ribe (an den Adventswochenenden)

an ausgewiesenen Badestellen und niemals bei starker Brandung. Im Wattenmeer nur bei auflaufendem bzw. Hochwasser baden, niemals bei Ebbe. Rettungsschwimmer gibt es nur in der Sommerhochsaison von Ende Juni bis Ende August und auch nur an einigen Stränden. Wo Badeverbot herrscht, stehen dreisprachige Verbotsschilder, oder es weht eine rote Fahne. „Pas på!"-Schilder mahnen zur Vorsicht beim Baden. An den landseitigen Strandzugängen stehen Tafeln mit Lageplan und der jeweiligen Strandabschnittsnummer. Die findet sich auch seeseitig wieder, und dort stehen an manchen Übergängen auch Rettungsringe und -westen zur Verfügung. FKK ist generell erlaubt, es sollte aber ein angemessener Abstand zu Textilbadern gewahrt werden. Wo Nackedeis nicht erwünscht sind, stehen entsprechende Schilder.

An etlichen Stellen und auf Rømø darf der breite Strand mit dem Auto befahren werden, dies aber nicht schneller als mit 30 km/h.

CAMPING

Die meisten Campingplätze an der Küste sind hervorragend ausgestattet, sehr sauber und auch wegen des guten Service sehr beliebt: also in der Hochsaison (Juni–Aug.) unbedingt reservieren! Auf vielen Plätzen kann man auch Hütten, Zelte und Caravans mieten. Die dänische Campingkarte bekommt man für 4,95 Euro unter *campingcard.dk*. Wild campen ist generell verboten – wer erwischt wird, zahlt bis zu 200 Euro Bußgeld. Infos z.B. unter *dk-camp.dk, dcu.dk*

FEIERTAGE

1. Jan.	Neujahr
März/April	Gründonnerstag, Karfreitag, Ostermontag
1. Mai	Tag der Arbeit
Mai/Juni	Christi Himmelfahrt, Pfingstmontag
5. Juni	*Grundlovsdag* (Verfassungstag)
25./26. Dez.	Weihnachten

GELD & WÄHRUNG

Währung ist die Dänische Krone (DKK), deren Wechselkurs zum Euro kaum schwankt: 1 DKK = 0,1345 € bzw. 1 € = 7,44 DKK

Die Dänen zahlen bevorzugt mit ihrer Bankkarte und holen sich damit auch Bargeld an der Supermarktkasse. Kreditkarten (am gebräuchlichsten sind Visa, Master und American Express) werden also fast überall akzeptiert, kosten aber eine Transaktionsgebühr. Bargeld an Bankautomaten mit der Girocard zu ziehen, kostet hohe Gebühren (5–10 Euro). Die Geldautomaten befinden sich meist außen am Bankgebäude oder am Supermarkt. Geld wechseln kann man in vielen Touristinfos und in Bankfilialen (Wechselgebühr 5–8 Euro). In den grenznahen Orten im Süden und in den Badeorten an der Küste kannst du in Supermärkten und vielen Geschäften auch in Euro bezahlen. Berechnet wird nach aktuellem Kurs, dein Rückgeld bekommst du allerdings in Kronen (Beträge von 1 DKK und darunter werden nicht herausgegeben).

INTERNET & WLAN

WLAN heißt in Dänemark Wifi. Kostenlose Hotspots gibt es in den meisten

Hotels, auf Campingplätzen und in Ferienanlagen, ebenso in vielen Restaurants und Touristbüros. So gut wie alle Ferienhäuser verfügen über einen Internetanschluss bzw. Wifi.

ÖFFNUNGSZEITEN

Geschäfte und Supermärkte sind montags bis freitags von 7/8 bis 20/21 Uhr geöffnet, am Samstag meistens kürzer. In den Ferienorten haben die Supermärkte und viele Läden im Sommer vielfach bis 22 Uhr und auch sonntags geöffnet, im Winter dafür werktags oftmals nur bis 17/18, samstags bis 12/13 Uhr und mit ein oder zwei Ruhetagen in der Woche. Banken sind meist von Montag bis Freitag von 10 bis 16 Uhr geöffnet.

POST

Mal eben ein paar Ansichtskarten an die Daheimgebliebenen schicken? Das kann teuer werden! Das Porto für eine Postkarte kostet aktuell 36 DKK (4,84 Euro). Was daran liegt, dass in Dänemark so gut wie der gesamte Schriftverkehr digital erledigt wird. Es exisitieren aber zum Teil kostenfreie digitale Alternativen zur Papierpostkarte, z. B. bei *postkarte.dk*. Briefkästen (in leuchtendem Rot) gibt es nicht an jeder Ecke, Postämter in allen größeren Orten.

TELEFON & HANDY

Vorwahl nach Dänemark: 0045, nach Deutschland: 0049, nach Österreich: 0043, in die Schweiz: 0041.
Dänische Telefonnummern sind achtstellig, es gibt keine Ortsvorwahl. Auch Handynummern haben acht Stellen.
Die Netzabdeckung ist ausgezeichnet, auch am Meer. Prepaidkarten *(taletidskort)* gibt es in Supermärkten sowie an Kiosken und Tankstellen; dänische Anbieter sind z. B. TDC, Telenor und Telia.

WAS KOSTET WIE VIEL?

Kaffee	5–6 Euro *für eine Tasse*
Bier	6,50–8 Euro *für 0,33 l in der Bar*
Imbiss	4–5 Euro *für einen pølser*
Kaminholz	5–9 Euro *für den 10-kg-Sack brænde*
Fahrrad	13–17 Euro *Miete pro Tag (50–65 Euro Miete pro Woche)*
Bonbons	6,70 Euro *für 200 g aus der bolcheriet*

TRINKGELD

In Restaurants ist ein Servicebetrag von 15 Prozent bereits in der Rechnung enthalten, und Trinkgeld wird daher nicht erwartet. Doch keine Servicekraft wird sich beschweren, wenn du den Rechnungsbetrag aufrundest, weil es dir im Lokal gefallen hat. Übrigens: Man zahlt niemals getrennt – untereinander abrechnen kann man dann später.

UNTERKÜNFTE

Die meisten ausländischen Touristen übernachten in einem Ferienhaus,

GRÜN & FAIR REISEN

Du willst beim Reisen deine CO_2-Bilanz im Hinterkopf behalten? Dann kannst du deine Emissionen kompensieren *(atmosfair.de; myclimate.org)*, deine Route umweltgerecht planen *(routerank.com)* oder auf Natur und Kultur *(gate-tourismus.de)* achten. Mehr über ökologischen Tourismus erfährst du hier: *oete.de* (europaweit); *germanwatch.org* (weltweit).

entsprechend groß ist die Zahl der Vermietungsagenturen. Die Palette reicht vom einfachen 4-Personen-Häuschen mit Kamin bis zum luxuriösen 12-Personen-Holzhaus mit Sauna, Außen-Whirlpool und Gartengrill.

Achte beim Mieten eines Ferienhauses auch darauf, ob im Mietpreis freier oder ermäßigter Eintritt für bestimmte Sehenswürdigkeiten und Attraktionen – Schwimmbäder, Feriencenter, Aquarien,Museen etc. – enthalten ist. Viele Ferienhausvermietungen bieten auch Rabatte in Cafés, Restaurants und Geschäften an.

Hier ein paar Websites von in ganz Dänemark tätigen Anbietern: *dansommer.de, dancenter.de, feriepartner.de, novasol.de, sonneundstrand.de*. Kleinere regionale Anbieter sind z.B. *admiralstrand.de, esmark.de*.

Weitere Übernachtungsmöglichkeiten finden sich in Apartments und Reihenhäusern in den großen Ferienparks, in einem der stilvoll modernisierten Badehotels vom Ende des 19. Jhs., in einem Landgasthof *(kro)* und in Bed & Breakfasts. Adressen unter *visitdenmark.de, bedandbreakfast.dk, bondegaardsferie.dk, smalldanishhotels.com*.

Aber egal, für welche Unterkunft du dich entscheidest: Du solltest rechtzeitig buchen, zumindest für die Sommersaison.

NOTFÄLLE

DIPLOMATISCHE VERTRETUNGEN

Falls wirklich mal etwas passiert, dann denk daran: In Notfällen aller Art helfen im durchdigitalisierten Dänemark die Touristinfos und vor allem die Ferienhausagenturen vor Ort viel schneller und direkter als die Botschaften im fernen Kopenhagen.

– Deutsche Botschaft: Göteborg Plads 1 | 2150 Kopenhagen Nordhavn | Tel. 35459900 | Notfalltel. 40 17 24 90 | kopenhagen.diplo.de

– Österreichische Botschaft: Sølundsvej 1 | 2100 Kopenhagen | Tel. 39 29 41 41 | Notfalltel. 21727941 | bmeia.gv.at/oeb-kopenhagen

– Schweizerische Botschaft: Richelieus Allé 14 | 2900 Hellerup | Tel. 33 14 17 96 | eda.admin.ch/copenhagen

GESUNDHEIT

Die gesetzliche Krankenkasse des Heimatlands erstattet angefallene Arzt-, Zahnarzt- und Arzneimittelkos-

ten im üblichen Rahmen. In Krankenhäusern werden Touristen kostenlos behandelt. Beim Kauf von Medikamenten und beim Arztbesuch ist die Europäische Krankenversicherungskarte (Rückseite deiner Krankenversicherungskarte) vorzuzeigen.
Apotheken *(apotek)* gibt es nicht in jedem Ort, diensthabende Apotheken inkl. Öffnungszeiten sind unter *laegevagten.dk* zu finden.

NOTFALLNUMMERN

Polizei, Feuerwehr, Rettung:
Tel. 112
Falck Pannendienst: *Tel. 70 10 20 30*
Kontaktdaten örtlicher Ärzte unter *sundhed.dk*, Stichwort „Læger"
Ärztliche Notdienste: *Tel. 70 11 31 31* und *laegevagten.dk*

WICHTIGE HINWEISE

IM MEER & IM WATT

Siehe Hinweise unter „Baden & Strände" (S. 130) sowie den Kasten auf S. 47.

IM FERIENHAUS

INSIDER-TIPP **Sesam, öffne dich!**

Du bekommst die Tür deines Feriendomizils nicht auf, weil der Schlüssel sich nicht dreht? Ganz einfach: erst die Türklinke stramm nach oben (!) drücken, dann den Schlüssel drehen. Das gilt auch beim Abschließen. Und noch ein Tipp: Der für die Abrechnung mit dem Vermieter wichtige Stromzähler befindet sich fast immer außen am Haus.

WETTER IN ESBJERG

Hauptsaison: Juni–Sept.; Nebensaison: Jan.–Mai, Okt.–Dez.

	JAN.	FEB.	MÄRZ	APRIL	MAI	JUNI	JULI	AUG.	SEPT.	OKT.	NOV.	DEZ.
Tagestemperaturen	1°	2°	5°	9°	15°	17°	17°	19°	15°	12°	9°	3°
Nachttemperaturen	0°	-1°	0°	3°	7°	10°	13°	12°	10°	7°	3°	0°
Sonnenschein Stunden/Tag	1	2	4	6	8	8,5	8	7	5,5	3	1,5	1
Niederschlag Tage/Monat	17	13	12	12	11	12	14	15	16	18	19	19
Wassertemperatur in °C	4	4	4	7	11	15	17	18	17	14	11	6

Sonnenschein Stunden/Tag · Niederschlag Tage/Monat · Wassertemperatur in °C

SPICKZETTEL DÄNISCH

SMALLTALK

ja/nein/vielleicht	ja/nej/måske	ja/nai/moßke'
bitte	værsgod	wärßgo
danke	tak	tak
Gute(n) Morgen!/Tag!/ Abend!/Nacht!	God morgen!/dag!/ aften!/nat!	Goh morgen!/dä'!/ aften!/nätt!
Hallo!/Auf Wiedersehen!	Hej!/Farvel!	Hai!/Farwell!
Tschüss!	Hej hej!	Hai hai!
Ich heiße …	Jeg hedder …	Jai hidder …
Wie heißt du?/ Wie heißen Sie?	Hvad hedder du?/ Hvad hedder De?	Wä' hidder du?/ Wä' hidder Di?
Ich komme aus …	Jeg kommer fra …	Jai kommer fra …
Entschuldige!	Undskyld!	Unnßküll!
Wie bitte?	Undskyld?/Hvad?	Unnßküll?/Wä'?
Das gefällt mir (nicht).	Det kan jeg (ikke) lide.	Det känn jai igge li'

ZEIGEBILDER

ESSEN & TRINKEN

Die Speisekarte, bitte.	Spisekortet, tak.	ßpihßekortet, tak.
Könnte ich bitte … haben?	Jeg vil gerne have …	Jai will gerne hä' ...
Messer/Gabel/Löffel	kniv/gaffel/ske	kniw/gaffel/ßkeh
Salz/Pfeffer/Zucker	salt/peber/sukker	ßällt/peber/ßukker
Essig/Öl	eddike/olie	eddigge/ohlie
Milch/Sahne/Zitrone	mælk/fløde/citron	mälk/flöhde/ßitrohn
mit/ohne Eis/ Kohlensäure	med/uden is/brus	mehd/uhden ihß/ bruhß
Vegetarier(in)/Allergie gegen …	vegetar/har allergi mod …	vegetarier/har allergie mohd ...
Ich möchte zahlen, bitte.	Jeg vil gerne betale.	Jai will gerne betäle.
Rechnung/Quittung	regning/kvittering	raining/quittering
bar/Kreditkarte	kontant/kreditkort	kontänn/kreditkohrt

NÜTZLICHES

Wo ist …?/Wo sind …?	Hvor ligger ….?/Hvor er …?	Wohr ligger ...?/Wohr ähr ...?
Wie viel Uhr ist es?	Hvad er klokken?	Wä' är kloggen?
heute/morgen/gestern	idag/imorgen/igår	idäh/imor'en/igohr
Wie viel kostet …?	Hvad koster …?	Wä' koßter ...?
Wo finde ich einen Internetzugang?	Hvor er der adgang til Internettet?	Wohr är der ädgang till internettet?
offen/geschlossen	åben/lukket	oben/lugged
rechts/links/geradeaus	højre/venstre/ lige ud	heure/wännßtre/ lihe uhd
billig/teuer	billig/dyr	billi'/dühr
gut/schlecht	godt/dårligt	gott/dorlitt
Apotheke (Drogerie)	apotek	äpothek
Fieber/Schmerzen	feber/smerter	feber/ßmerter
Hilfe!/Vorsicht!	Hjælp!/Pas på!	Hjälp!/Päß po!
Verbot/verboten	forbud/forbudt	forbuhd/forbutt
0/1/2/3/4/5/6/7/8/9/ 10/100/1000	nul/en; et/to/ tre/fire/fem/seks/ syv/otte/ni/ti/ hundrede/tusind	null/een; eet/toh/treh/ fihr/fämm/ßex/ßüh/ ohde/ni/ti/hunnred/ tuhßinn

LESESTOFF & FILMFUTTER

METER PRO SEKUNDE

Eine junge Frau zieht mit Freund und Baby nach Westjütland. Im humorvollen, preisgekrönten Roman von Stine Pilgaard (2022) lernt die Protagonistin viel über sich selbst und zusammen mit den Lesern viel über Land und Leute an Dänemarks Westküste.

JÜTLÄNDISCHE KAFFEETAFELN

Mit Wortwitz und Humor beschreibt Siegfried Lenz in dieser kleinen Erzählung (2008), wie er versucht, sich durch die vielen sahnesüßen Gänge eines traditionellen *Sønderjysk Kaffeebords* zu arbeiten.

UNTER DEM SAND

Der oscarnominierte Film (2015) von Martin Zandvliet erzählt die ergreifende Geschichte deutscher Kriegsgefangener, die 1945 zur Minenräumung an der Westküste eingesetzt wurden. Gedreht zwischen Blåvand und Houstrup.

BABETTES FEST

Oscarprämierter Film (1987) von Gabriel Axel nach einer Novelle von Tania Blixen, gedreht u.a. in Lønstrup und Mårup: Die Köchin Babette Harsant findet 1872 Unterschlupf in einem jütländischen Dorf und bedankt sich Jahre später mit einem Festmahl.

PLAYLIST GREATEST HITS

TOBIAS RAHIM – FLYVENDE FADUMA
Der dänisch-kurdische Reggaeton-Sänger ist ein Hitgarant im Land

KIM LARSEN – OM LIDT BLIR HER STILLE
„Gleich wird es hier still": nur einer der Evergreens des bis heute hoch verehrten, 2018 verstorbenen Musikers und Schauspielers

VOLBEAT – WAIT A MINUTE MY GIRL
Die „Elvis-Metal"-Band nahm ihr letztes Album in Ribe auf

TØRFISK – VLTJ
Den Song der Folkband aus Thyborøn kennt fast jeder Däne

EFTERKLANG – LIVING OTHER LIVES
Atmosphärisch dichte Auskopplung aus dem 2021er-Album „Windflowers" der Indie-Rock-Band

Den Soundtrack zum Urlaub gibt's auf **Spotify** unter **MARCO POLO** Denmark

Oder Code mit Spotify-App scannen

AB INS NETZ

DENMARKBYBIKE.DK
Mithilfe dieser Website kannst du deine ganz persönliche Radtour an der Westküste komponieren.

HAVFRISKFISK.DK
Nützliche Website für Selbstversorger. Hier geben die Fischer an, wann sie welchen Hafen an der Westküste erreichen und was sie gefangen haben.

MEERMOND.DE
Marion und Alexander Sorg bloggen über ganz Skandinavien, Jütland ist dabei aber ganz weit vorn.

NATIONALPARK THY
Die App erschließt dir den gesamten Nationalpark, auch durch detaillierte Karten.

VESTKYSTEN
Die Must-have-App für den Urlaub an Dänemarks Nordseeküste: (Fahrrad-) Routen, Sehenswürdigkeiten, Tipps für Touren und mehr.

DMI VEJR
Die Wetter-App des Dänischen Meteorologischen Instituts, inklusive Gezeiten, Wind usw.

TRAVEL PURSUIT

DAS MARCO POLO URLAUBSQUIZ

Weißt du, wie die dänische Nordseeküste tickt? Teste hier dein Wissen über die kleinen Geheimnisse und Eigenheiten von Land und Leuten. Die Lösungen findest du in der Fußzeile. Und ganz ausführlich auf den S. 18–23.

❶ Was heißt „leg godt" auf Deutsch?
a) lieg gut
b) spiel gut
c) lieber Gott

❷ Wie viele Haushalte versorgt der Windpark Horns Rev mit Strom?
a) 80 000
b) 500 000
c) 800 000

❸ Wie heißt der Erfinder von Lego?
a) Ole Kirk Christiansen
b) Karl Ove Knausgård
c) Hans Christian Andersen

❹ In welchem Ort befindet sich der Stammsitz des Windanlagenbauers Vestas?
a) Billund
b) Lem
c) Lemvig

❺ Wie viele Tonnen Muscheln ernteten dänische Fischer im Jahr 2022?
a) 3500
b) 13 500
c) 35 500

❻ Wie hieß die größte Wikingerfestung Dänemarks?
a) Amalienborg
b) Schackenborg
c) Aggersborg

Lösungen: 1b, 2c, 3a, 4b, 5c, 6c, 7a, 8c, 9b, 10a, 11c, 12b

Und noch eine Quizfrage: Wo dieses Foto wohl aufgenommen wurde?

❼ Was für Bäume wurden zunächst in den Küstenschutzwäldern angepflanzt?

a) Eichen und Kiefern
b) Birken und Buchen
c) Fichten und Tannen

❽ Wie heißt das Museum rund um eine Bunker-Festungsanlage bei Blåvand?

a) Bismarck
b) Scharnhorst
c) Tirpitz

❾ Wie viele Tonnen Müll werden jährlich an die Westküstenstrände gespült?

a) 100
b) 1000
c) 10 000

❿ Wer setzte als erster Europäer einen Fuß auf amerikanischen Boden?

a) Leif Eriksson
b) Erik der Rote
c) Christoph Kolumbus

⓫ In welcher Stadt gibt es keine Kunst-Rundgänge?

a) Aalborg
b) Holstebro
c) Skagen

⓬ Wer schrieb den Text zu dem beliebten dänischen Volkslied „Midsommervisen"?

a) Nils Holgersson
b) Holger Drachmann
c) Holger Danske

REGISTER

LOB ODER KRITIK? WIR FREUEN UNS AUF DEINE NACHRICHT!

Trotz gründlicher Recherche schleichen sich manchmal Fehler ein. Wir hoffen, du hast Verständnis, dass der Verlag dafür keine Haftung übernehmen kann.

MARCO POLO Redaktion • MAIRDUMONT • Postfach 31 51
73751 Ostfildern • info@marcopolo.de

Impressum
Titelbild: Nordjütland, Dünen am Strand von Løkken (huber-images: Ch. Bäck)
Fotos: DuMont Bildarchiv: O. Meinhardt (34); getty images: ah_fotobox (6/7), C. Brundle Bugge (86), Drepicter (138/139), L. Leamus (95), numismarty (14/15), R. Peters (112), A. Schager (128/129); huber-images: Ch. Bäck (Klappe hinten, 24/25, 51, 56/57, 69, 105, 106, 123), G. Gräfenhain (98/99), F. Lukasseck (48), S. Mezzanotte (54); laif: T. Ebert (2/3), G. Hänel (31, 65); laif/hemis.fr: A. Brusini (10, 63, 140/141); laif/SZ Photo: J. Eckel (103, 110); mauritius images: R. Linke (85), H. Schön (116); mauritius images/Alamy: Blickwinkel (11), M. Clegg (26/27), D. Delimont (66, 80/81, 92), P. Dudek (118/119), G. B. Evans (30/31), T. Graham (52), D. Oakenhelm (88), V. Osypenko (70), Photomax (74), Rphstock (Klappe vorne außen, Klappe vorne innen/1), Stockimo/Jostructuraleye (131), Zoonar (124); mauritius images/foodcollection (27); mauritius images/imagebroker: H. Wenzel-Orf (73); mauritius images/robertharding (44); picture-alliance: Caro (9), A. Farnsworth (96), S. Görlich (78), J. Hogenkamp (32/33); picture-alliance/Chromorange: M. Bihlmayer (28); picture-alliance/dpa: W. Steinberg (8); picture-alliance/NurPhoto: M. Fludra (115); picture-alliance/Reuters: T. Little (19); picture-alliance/ZB: P. Pleul (20); picture-alliance/Zoonar (12/13, 77, 91); A. Schlatterer (60); A. M. Schuppius (23, 126, 143); Shutterstock: S. Alenas (43), Elenaphotos21 (38/39), Photofex_AUT (109)

1. Auflage 2024

Autor: Arnd M. Schuppius
Redaktion: Jens Bey
Bildredaktion: Anja Schlatterer
Kartografie: © 2024 KOMPASS-Karten GmbH, A-6020 Innsbruck; MAIRDUMONT, D-73751 Ostfildern (S. 36-37, 120, 122, 127, Umschlag außen, Faltkarte); © 2024 KOMPASS-Karten GmbH, kompass.de unter Verwendung von © OpenStreetMap Contributors, osm.org/copyright (S. 40-41, 58-59, 82-83, 100-101)
Als touristischer Verlag stellen wir bei den Karten nur den De-facto-Stand dar. Dieser kann von der völkerrechtlichen Lage abweichen und ist völlig wertungsfrei.
Gestaltung Cover, Umschlag und Faltkartencover: bilekjaeger_Kreativagentur mit Zukunftswerkstatt, Stuttgart; Gestaltung Innenlayout: Langenstein Communication GmbH, Ludwigsburg
Spickzettel: in Zusammenarbeit mit PONS Langenscheidt GmbH, Stuttgart
Texte hintere Umschlagklappe: Lucia Rojas
Konzept Coverlines: Jutta Metzler, bessere-texte.de

Printed in Poland

MARCO POLO AUTOR
ARND M. SCHUPPIUS
Im Schneewinter 1978/79 in Henne Strand eingeschneit, im Hafen von Hvide Sande 15 Hornhechte in einer Stunde geangelt, in der Thorup Klitplantage pfundweise Pfifferlinge gesammelt, in einem Pub in Thisted mit dänischen Fischern versackt … man kann so einiges erleben, wenn man, wie der Autor dieses Buchs, Jütlands Westküste regelmäßig besucht – es muss ja nicht unbedingt etwas mit Fischen, Pilzen oder Schnaps zu tun haben.

BLOSS NICHT!

FETTNÄPFCHEN UND REINFÄLLE VERMEIDEN

DURCH DIE DÜNEN LATSCHEN

Der Dünengürtel an der Westküste steht unter Naturschutz und darf nur auf ausgewiesenen Pfaden betreten werden. Zertrampelt man nämlich den Strandhafer, der den Dünensand am Wegfliegen hindert, wird eine Düne schnell zur Wanderdüne.

NACKT DIE SAUNA BETRETEN

Badeklamotten in der Sauna? Das ist üblich, auch in gleichgeschlechtlichen Saunen. Ausnahme: Nur Nackedeis sitzen drin, dann kann man bedenkenlos nackt saunieren.

DEN HUND VON DER LEINE LASSEN

Von April bis September gilt Leinenpflicht („Hund i snor") am Strand, ganzjährig in Waldgebieten, in den Dünen und in jeder anderen Naturlandschaft. In den Waldgebieten und Klitplantagen sind überall Areale fürs hündliche Toben geschaffen worden.

AUF DEN STRAND MÜLLEN

Auch keine Zigarettenstummel! Allein im Jahr 2021 haben Tausende Freiwillige über 10 t angeschwemmten Müll vom so exponiert liegenden Westküstenstrand entfernt. Und niemand sieht es gern, wenn man die mühevolle Arbeit nicht wertschätzt. Außerdem stehen an den meisten Strandaufgängen Mülleimer.

GEGEN DIE STRÖMUNG KÄMPFEN

Stellen mit wenig Brandung und deutlich seewärts strömendem Wasser deuten auf einen Brandungsrückstrom *(revlehul)* hin. Er zieht einen nicht in die Tiefe und nur ein Stück hinaus auf See! Nicht dagegen ankämpfen, sondern sich mittreiben lassen und beim Schwächerwerden der Strömung seitwärts und dann zurück zum Strand schwimmen.